Wenn Dich Dein Kind fragt ...

Erzieherische Kompetenz und
religiöse Erziehung in der Familie

Beiträge einer Tagung
der Evangelischen Akademie Baden
15. bis 18. April 1996, Schloß Flehingen

ISBN 3-89674-114-4

Herrenalber Protokolle

Schriftenreihe der Evangelischen Akademie Baden
Band 112

Herausgeber: Evangelische Akademie Baden, Blumenstr. 1-7, D-76133 Karlsruhe [Postfach 2269, D-76010 Karlsruhe]
Redaktion: Reinhard Ehmann, Ralf Stieber, Jochen Hohmann
Satz: Ruth Reister, Gabi Höhn
Titelbild: Ausschnitt aus dem Holzschnitt von Lucas Cranach d. J.: „Der Unterschied zwischen der wahren Religion Christi und der falschen abgöttischen Lehre des Antichrist"
Druck: grube & speck, Karlsruhe

Gedruckt auf Recyclingpapier aus 100 % Altpapieranteilen ohne optische Aufheller
ISSN 0934-6007

Inhalt

Vorwort

Ein leicht verändertes Zitat aus dem Alten Testament bildet den Titel dieses Bandes. „Wenn dich dein Sohn fragt“, so ist im 5. Buch Mose 6, 20-21 zu lesen, dann sage ihm: „Wir waren Knechte des Pharao in Ägypten, und der Herr führte uns aus Ägypten mit mächtiger Hand.”

Dieses Zitat erinnert an die erzieherische Kompetenz von Eltern und Familie: beide haben, bei aller flankierenden Erziehung in Kindergarten, Schule, Konfirmandenunterricht und Kindergruppe, eine primäre und damit unverzichtbare Funktion bei der Vermittlung religiöser Inhalte und Haltungen. Diese Einsicht war Ausgangspunkt einer Tagung der Evangelischen Akademie Baden, die auf Schloß Flehingen stattfand. Ihr Ziel war, diese besondere Kompetenz von Eltern und Familie wieder zu entdecken und durch die Vorstellungen von praktisch Erprobtem zu stärken.

Die damals gehaltenen Vorträge sind im folgenden dokumentiert. Eingangs schildert Rosemarie NAVE-HERZ die erzieherische Situation der Familien. Gerhard RAU analysiert die gegenwärtige Schwerpunktbildung in der Religionspädagogik. Wer sich um die religiöse erzieherische Kompetenz von Eltern und Familie bemüht, wird sich auf diesen Befund einlassen müssen. Bernhard GROM referiert aus religionspsychologischer Sicht die wesentliche Bedeutung der Erziehung in der Familie für die Gewinnung einer Basisreligiosität. Der Blickwinkel der Familienberatung, die Konfirmandenelternarbeit, das religiöse Buch, Eltern-Kind-Gruppen, Elternarbeit in Kindergärten, die Musik als Element der religiösen Erziehung und das Abendmahl mit Kindern sind die Praxisfelder, aus denen kompetente wie engagierte Fachleute berichten. „Vergeßt mir die Familie nicht!” Mit Erinnerung und Appell bündelt Hartmut RUPP schließlich die Ergebnisse der anderen Beiträge und beschreibt die „Familie als herausragenden Lernort des Glaubens“.

Wir danken allen Autorinnen und Autoren für die Mühe, ihre Vorträge für die Drucklegung durchzusehen und zu überarbeiten. Hartmut RUPP ist zu danken für die Initiative zur damaligen Tagung und für ihre religionspädagogische Begleitung zusammen mit Professor Dr. Heinz SCHMIDT vom Praktisch-Theologischen Seminar der Universität Heidelberg.

Möge dieser Band dazu Anregungen liefern, wie Eltern antworten können, wenn ihre Kinder nach dem christlichen Glauben fragen und so sich auf den Weg machen, im Vertrauen auf Gottes Gegenwart ihr Leben in Verantwortung und Gemeinschaft zu gestalten.

Karlsruhe, im September 1998 Reinhard Ehmann

Der Wandel der Familie in der Moderne und die Folgen für die Erziehung

Rosemarie Nave-Herz

Das typisch „neue Kind“ – so las ich vor einiger Zeit in einer lokalen Tageszeitung – ist folgendermaßen zu charakterisieren: „Seine Eltern sind geschieden, es hat keine Geschwister und lebt bei der Mutter. Familienerziehung hat es nie erfahren.“ An diesem Satz ist fast alles falsch; vor allem in seiner Generalisierung ist er unzutreffend. Ziel dieses Beitrages soll es demgegenüber sein, gerade solche Mythen über die heutige Familie und das heutige Kind, wie sie in diesem Zitat enthalten sind – und nicht nur dort, sondern auch anderswo immer wieder zu lesen sind –, einer kritischen Analyse zu unterziehen.

Im ersten Teil knüpfe ich an den ersten Zitatsatz an, der sich auf den Wandel der Familienformen bezieht. Er bezieht sich auf die heute gängige These über „die zugenommene Pluralisierung von Familienformen“. Ich werde darstellen, daß diese Veränderungen von den Kindern her gesehen gar nicht so gravierend gewesen sind wie vielfach behauptet. Was sich in den letzten zwanzig Jahren sehr viel stärker verändert hat, sind die Formen der innerfamilialen Beziehungen und das, was „Kindheit“ bedeutet. Hierauf werde ich im zweiten – längeren – Teil des Beitrages eingehen, wobei ich hier aber nur einige Aspekte von innerfamilialen Wandlungsprozessen ansprechen werde. Aber ich möchte hier zeigen, in welcher Richtung der Veränderungsprozeß verlaufen ist.

Zur Entwicklung unterschiedlicher Familienformen

Die „gängige Pluralitätsthese“ unterstellt eine quantitative Zunahme der verschiedensten Familienformen in den letzten Jahren auf Kosten der Zwei-Eltern-Familien mit formaler Eheschließung, also der „normalen“ Familie mit standesamtlicher Trauung. Wie Sie sehen, geht man in der Soziologie von einem sehr weit gefaßten Familienbegriff aus: nämlich mit Familie wird die Eltern- oder die Mutter/Vater-Kind-Einheit bezeichnet. Somit sind z. B. auch nichteheliche Partnergemeinschaften mit Kindern Familien neben Stieffamilien, Alleinerziehenden-Familien usw.

De facto haben in der Bundesrepublik Deutschland während der letzten Jahre die Ein-Eltern-Familien, und zwar sowohl die - wie ich sie benenne - Mutter-Familien, d. h. die alleinerziehenden Mütter als auch die alleinerziehenden Väter zugenommen. Rund 13 % von allen Familien sind heute Ein-Eltern-Familien, davon 15 % mit alleinerziehendem Vater und 85 % mit alleinerziehender Mutter. Die Lebenssituation innerhalb der Mutter- und Vater-Familien ist in der Bundesrepublik Deutschland sehr unterschiedlich, schon im Hinblick auf ihre finanzielle Situation. Vater-Familien sind überwiegend in den höheren Schichten zu finden und mit älteren Kindern, in den meisten Mutter-Familien ist die ökonomische Belastung groß. Ihr Anteil an allen Sozialhilfeempfängern ist am größten. Aber selbst die Kinder scheinen unterschiedliche Erwartungen an die alleinerziehende Mutter und an den alleinerziehenden Vater zu stellen, wie jedenfalls eine amerikanische Untersuchung von AMBERT zeigt: Kinder aus Mutter-Familien erwarten von der Mutter, daß sie für sie da ist. Sie sind mit ihrer Situation unzufriedener und möchten die Mutter dafür verantwortlich machen. Kinder aus Vater-Familien sind sich dagegen bewußt, daß der Vater sich freiwillig für die Übernahme der Erziehung und Versorgung entschieden hat und sind ihm für alles, was er macht, dankbar.

Häufig wird behauptet, daß die Familie mit alleinerziehendem Vater oder alleinerziehender Mutter neuartige Erscheinungen wären, was keinesfalls stimmt; selbst nicht für die Familie mit alleinerziehendem Vater. Die *Ursachen*, die zur Entstehung dieser Familienformen führten bzw. nunmehr führen, haben sich verändert. Waren es früher vornehmlich Verwitwung und Nichtehelichkeit, die diese Familienform bedingten, so sind es heute überwiegend Scheidung und die Trennung.

Auch die nichtehelichen Lebensgemeinschaften mit Kindern haben zugenommen. Von allen nichtehelichen Lebensgemeinschaften haben in der alten Bundesrepublik Deutschland aber nur 9 % Kinder und davon nur etwa 5 % gemeinsame. In der DDR war diese Familienform weit verbreiteter, auch die der alleinerziehenden Mutter-Familien. Die geringe Zahl von nichtehelichen Lebensgemeinschaften mit Kindern ergibt sich daraus, daß die weit überwiegende Mehrzahl der Partner nichtehelicher Lebensgemeinschaften in Deutschland heiratet, sobald ein Kind erwartet oder gewünscht wird, wie mehrere empirische Untersuchungen gezeigt haben. Übrigens ist historisch gesehen auch diese Familienform keine neuartige Erscheinung. In der vorindustriellen Zeit war sie aber vornehmlich in den Armutsschichten zu finden. Auch nach dem Zweiten Weltkrieg war ihr Anteil relativ hoch; es handelte sich damals um die sogenannten „Onkel-Ehen“, die aus versicherungsrechtlichen Überlegungen heraus nicht heirateten.

Kommen wir zu den Stieffamilien. In Stiefelternschaften und in Adoptionsfamilien wachsen bei uns nur unter 5 % aller Kinder auf. Die Adoptionsfamilien haben bei uns in den letzten Jahren sogar abgenommen. Die Nachfrage übersteigt das Angebot.

Zusammenfassend bleibt festzuhalten: trotz einer gewissen zahlenmäßigen Zunahme anderer Familienformen bleibt die quantitativ weit dominante Familienform weiterhin die Eltern-Familie entgegen allen gegenteiligen Behauptungen; entgegen dem eingangs wiedergegebenen Zitat! Auch von den Kindern aus gesehen wachsen über 90 % aller Kinder in der Bundesrepublik Deutschland mit ihren leiblichen Eltern bis zum 14. Lebensjahr auf, sogar über 80 % bis zum 18. Lebensjahr.

Wie ist der zuletzt genannte Befund zu erklären, da doch heutzutage bereits jede dritte Ehe wieder geschieden wird? Doch: die Ehescheidungsquote der kinderlosen Ehen ist am höchsten und die der kinderreichsten am geringsten. Ferner werden relativ viele Ehen in der nachelterlichen Phase, also wenn die Kinder über 18 Jahre alt sind, geschieden.

Wechseln wir die Perspektive, und zwar von der statistischen zur normativen Ebene, und fragen nach der Bedeutung, dem Ansehen der Familie für den einzelnen aus seiner Sicht, dann müssen wir aufgrund von vorhandenen empirischen Untersuchungen betonen, daß nicht nur auf der statistischen, sondern auch auf der normativen Ebene die Eltern-Familie weiterhin das „Normalitätsmuster“ darstellt und die traditionelle Eltern-Familie an subjektiver Wertschätzung keineswegs verloren hat. Selbst diejenigen, die in einer anderen Familienform leben, würden überwiegend das Leben in einer Eltern-Familie bevorzugen. Die Mehrzahl der Betroffenen, die Singles, die Kinderlosen, die Alleinerziehenden haben ihre jetzige Lebensform nicht als bewußte alternative Lebensform zur traditionellen Eltern-Familie gewählt, sondern betrachten sie als ein „Durchgangsstadium“. Zuweilen nur wird aus dieser erhofften Durchgangsphase eine unfreiwillige lebenslange. Zusammenfassend bleibt jedenfalls festzuhalten, daß – ich wiederhole – selbst diejenigen, die in anderen Familien- oder Lebensformen leben, das Leben in einer Eltern-Familie oder in einer Ehe bzw. Partnerschaft bevorzugen würden, wie aus unseren eigenen und auch vielen anderen empirischen Untersuchungen hervorgeht.

Auch aus dem Anstieg der Scheidungszahlen ist kein Bedeutungsverlust der Institution „Ehe" und „Familie" ablesbar. Wie wir in einem anderen Forschungsprojekt über verursachende Bedingungen von Ehescheidungen feststellen konnten, sind die Scheidungszahlen kein Indikator für eine zugenommene Krise der Ehe und Familie, im Gegenteil. Gerade weil die Ehe und Familie eine so hohe psychische Bedeutung für den einzelnen heutzutage besitzt, ist man nicht mehr in der Lage, unharmonische Partnerbeziehungen zu ertragen und löst eher als früher seine Ehe auf. Ferner stellt man nur die eigene Ehe in Frage, auch in der Hoffnung auf eine andere und bessere Partnerbeziehung in der Zukunft.

Stärkere quantitative Verschiebungen als zwischen den einzelnen Familienformen hat es im Verhältnis der Familie zu anderen Lebensformen gegeben. Familien sind - bei einer Querschnittsbetrachtung aller Haushalte in der Bundesrepublik - nicht mehr anteilmäßig die dominante Lebensform in unserer Gesellschaft.

Das uns in Werbespots suggerierte Bild, daß die Gesellschaft sich hauptsächlich aus Haushalten von Vater und/oder Mutter mit Kindern zusammensetzen würde, stimmt mit der sozialen Realität also überhaupt nicht mehr überein. Durch die Zunahme der Ein-Personen-Haushalte, der Kinderlosen, der nichtehelichen Lebensgemeinschaft ohne Kinder und anderes mehr sind von allen Haushalten in der Bundesrepublik Deutschland nur noch etwa ein Drittel „Familienhaushalte" im Sinne der Eltern- bzw. Mutter- und Vater-Kind-Einheit.

Wieso ist die Familie in diese Minoritätenstellung innerhalb der verschiedenen Lebensformen „gerutscht"? Die Antwort ist einfach. Zunächst haben gesamtgesellschaftliche Veränderungen (ökonomische, wohnungsmäßige, rechtliche, der vielzitierte Wertewandel, der zugenommene Individualisierungsprozeß mit seiner Optionssteigerung) dazu geführt, daß immer mehr junge Menschen heute allein oder zu zweit einen Haushalt bilden.

Ferner hat die Rüstigkeit im Alter dazu geführt, daß heutzutage ebenso sehr viel mehr alte Menschen bis ins hohe Alter in ihrem eigenen Haushalt verbleiben. Hieraus ergibt sich, daß die Familienphase im Lebenslauf des einzelnen, also die Zeit, in der Eltern und Kinder zusammen wohnen, durch den Anstieg der Lebenserwartung auf der einen Seite, also durch die Zunahme unserer alten Mitbürger, und durch die geringere Kinderzahl in der Familie auf der anderen Seite geschrumpft ist, und die längste Phase – wie wir Familiensoziologen und -soziologinnen sie nennen – bildet heute die nachelterliche Phase. Sie nimmt zwei Viertel des gesamten Lebens ein. Die „Familienzeit" ist also weit kürzer als die „Ehezeit" im Lebenslauf des einzelnen geworden.

Ferner müssen wir bei einer Längsschnittbetrachtung feststellen, daß – trotz aller Minoritätenstellung der Familie – die weit überwiegende Mehrzahl der Bevölkerung irgendwann in ihrem Leben selbst eine Familie gegründet hat und damit in eine Familie eingebunden ist oder war. Denn lebenslaufspezifische Analysen zeigen, daß auch von den jüngeren, z. B. von denen, die 1950 geboren wurden bis zu ihrem vierzigsten Lebensjahr über 90 % geheiratet haben und – hier liegen nur über die Frauen Statistiken vor – über 75 % von ihnen Mütter sind; in den neuen Bundesländern betrug bislang der Mütteranteil sogar über 90 %. Die „Familienphase" aber dauert durch die geringere Geburten- und Kinderzahl in der Ehe nicht mehr so lange wie vor 25 Jahren und nimmt heute nur noch ein Viertel des gesamten Lebens ein.

Zusammenfassend zum ersten Teil meines Beitrages ergibt sich also als Antwort auf die eingangs wiedergegebene These über die Pluralität familialer Lebensformen, daß weiterhin die Elternfamilie unter den verschiedenen Familienformen die dominante geblieben ist; unter allen Lebensformen ist ihr Anteil gesunken. Nur ein Drittel aller Haushalte sind Familien-Haushalte. Hohe Wertschätzung bringt man ihr weiterhin entgegen, aber in Familie leben ist stärker als je zuvor zu einer transitorischen Lebensphase geworden.

Lassen Sie mich noch eine kurze, mir aber wichtige Anmerkung anfügen: gerade weil man mit der Eltern-Familie weiterhin so hohe subjektive Wertschätzung verbindet, besteht die Gefahr, andere Familienformen zu diskriminieren, als Resultat persönlichen Versagens anzusehen und als eine Gefährdung für die Sozialisation der Kinder. Genau eine derartige Beurteilung wäre aber falsch! Viele empirische Untersuchungen über Ein-Eltern-Familien und über Zwei-Eltern-Familien zeigen, daß für beide Familienformen eine große Variationsbreite im Hinblick auf die innerfamilialen Beziehungen, der Art der kindlichen Entwicklung gilt; und bei beiden Familientypen sind es die gleichen Faktoren, die für die Sozialisation der Kinder ausschlaggebend sind, nämlich vor allem die häusliche Atmosphäre und die Finanzlage, die Wohnungsenge bzw. -weite aber auch der Lebensstil, die kulturellen Erwartungen und anderes mehr. Im Hinblick auf die Ein-Eltern-Familie durch Scheidung ist ferner zu betonen, daß in der Wissenschaft heute darüber Konsens besteht, daß Ehescheidung der Eltern langfristig anhaltende negative Folgen für die Persönlichkeitsentwicklung haben können, aber nicht müssen, daß ferner die Zeit vor der Ehescheidung mit ihren ausgetragenen, dauernd miterlebten Konflikten viel stärkere negative psychische Schäden bei den Kindern bewirken kann, zumal dann, wenn sie zu beiden Eltern eine hohe affektiv-emotionale Beziehung aufgebaut hatten.

Kinderalltag und innerfamiliale Wandlungsprozesse

Ich möchte zunächst auf die Veränderungen im kindlichen Alltag durch die geringere Kinderzahl (also durch den Geburtenrückgang) eingehen, und dann stelle ich den Wandel im Erziehungsverhalten der Eltern dar.

Sozialhistorische Forschungsergebnisse zeigen, daß für die wenigen Kinder pro Familie heute wesentlich mehr Leistungen seitens der Eltern mobilisiert werden als früher, was die ökonomischen Aufwendungen und den zeitlichen Umfang für die Betreuung der Kinder anbetrifft. Da die Kinder (oder: das Kind) derart zum Mittelpunkt von Familie und Ehe wurden, sprechen wir von der kindzentrierten modernen Familie.

Ferner gilt, daß mehr Mütter sich heute ihrer Bedeutung für den Entwicklungsprozeß ihrer Kinder bewußter sind, was zum Teil auch zu erhöhter Verunsicherung im Erziehungsverhalten geführt hat. Die Erwartungen, jedenfalls einer Gruppe der heutigen Eltern, an das Kind und ihre emotionale Beziehung zu ihm sind hoch. Die Eltern werden ferner durch das Kind mit neuen, bisher unbekannten Problemen konfrontiert, weil sie, wegen der geringen Kinderzahl in der Familie und auch sonst in der Öffentlichkeit - kaum noch Säuglinge erfahren, schon gar nicht intensiv, bevor sie ihre eigenen bekommen. Aus allen genannten Bedingungen können deshalb herkömmliche und übliche Konflikte sich zu existentiellen Krisen ausweiten. SCHÜLEIN schreibt in seinem Buch „Die Geburt der Eltern“:

> „Das kurze und zugespitzte Urteil einer berufserfahrenen Hebamme lautet: Die jungen Leute sind heute vielfach hysterisch! Sie meint damit aus ihrer Sicht, Kleinigkeiten werden ungeheuer wichtig genommen; es wird überängstlich und besorgt ständig auf das Kind (und auf die eigene Leistung als Eltern) geschaut. Damit wird zum Problem, was aus bewußter Profi-Sicht gar keines ist."

Die Kindzentrierung und Kindorientierung in bezug auf die Elternschaft hat also neue Probleme gebracht: die Auflösung traditioneller Sinnzusammenhänge hat die Unsicherheit und Ambivalenz in der Eltern-Rolle gesteigert, aber gleichzeitig auch den Leistungsdruck durch selbstgewählte Leistungsanforderungen erhöht, zumal viele Mütter – wenn sie ihren Beruf aufgeben – nunmehr ihr Selbstbewußtsein allein über das Kind definieren und überhöhte Forderungen an sich stellen, nämlich eine „Super-Mutter" zu sein bzw. werden zu wollen.

So treten heute verstärkt Angst vor dem offen zutage tretenden Versagen in der Eltern-Rolle auf. Die Angst, keine „gute" Mutter zu sein, ohne zu wissen, was eigentlich eine gute Mutter ist, lassen viele Eltern bzw. Mütter häufig die Probleme, die es immer in der familialen Erziehung gibt, nicht mit der angemessenen Ruhe, Geduld, ja Distanz betrachten. Das gilt schon im Kleinkindalter, aber besonders auch für Schulprobleme. Wie Untersuchungen aus Bielefeld über Nordrhein-Westfalen zeigen, ist der Umfang der Einnahme von Psychopharmaka durch Schulkinder besorgniserregend. Viele dieser Eltern wollen jedoch nur das beste für ihre Kinder; sie wollen ihnen helfen, die geforderten Schulleistungen zu erbringen. Hier erfolgte eine einseitige Anpassung des Elternhauses an die Erziehungsziele des Bildungssystems, was zuvor nur für Eltern einer bestimmten kleinen sozialen Schicht galt. Noch vor zwanzig Jahren standen die meisten Eltern den Leistungsanforderungen durch die Lehrer und Lehrerinnen eher „teilnahmslos" gegenüber, weil „Begabt-" oder „Nicht-Begabt-Sein" als „naturgegebenes Schicksal" definiert wurde.

In der Psychologie wird heute häufig das Thema „Liebesentzug" als Erziehungsmittel der Eltern gegenüber ihren Kindern behandelt, aber dabei nicht genügend bedacht, daß – auch umgekehrt – manche Eltern den Liebesentzug ihres einzigen Kindes, das sie haben, fürchten, was früher bei einer höheren Geschwisterzahl nicht galt. Sie trauen deshalb ihren Kindern kaum einen Wunsch zu verweigern, um seinen Liebesentzug nicht zu spüren zu bekommen.

Viele und viel mehr Kinder als noch vor zwanzig Jahren besitzen heute also keine Geschwister mehr oder allerhöchstens eine Schwester oder einen Bruder. Was bedeutet das Fehlen von Geschwistern für den einzelnen und für die Familie insgesamt? Geschwister können häufig ein eigenes System in der Familie bilden, und das bedeutet, daß einerseits die Eltern in ihrer Betreuungsfunktion hierdurch entlastet werden und andererseits, daß die Kinder weniger auf die ständige Präsenz der Eltern oder eines Elternteils als Ansprechpartner angewiesen sind, als dies bei Einzelkindern der Fall ist. Die Mehr- oder Einzelkindsituation hat ebenso unterschiedliche Auswirkungen auf den Sozialisationsprozeß des Kindes. So erfahren Erstgeborene (und damit auch alle Einzelkinder) von ihren Eltern tendenziell höhere Zuwendung, Aufmerksamkeit, aber auch Überfürsorglichkeit als weitere Kinder.

Ferner bedeutet das Fehlen der Geschwistergemeinschaft das Fehlen einer altersgemischten „Zwangsgemeinschaft" und damit das Fehlen einer Chance, frühzeitig Integrationsprobleme lösen zu lernen. Familienergänzende Betreuungseinrichtungen z. B. können diese Zwangsgemeinschaften nicht ohne weiteres ersetzen. Insgesamt gehen heute sehr viel mehr Kinder frühzeitig in derartige familienergänzende Betreuungseinrichtungen.

Denn der Geburtenrückgang hat ferner bewirkt, daß es häufig an einer nachbarschaftlichen Spielgruppe für die Kinder mangelt. Das bedeutet, daß das Einzelkind heute nicht nur in der Familie, sondern auch in der nächsten Umgebung allein ist.

Dagegen könnte eingewandt werden, daß aus einer Reihe von empirischen Untersuchungen hervorgeht, daß Paare, die Kinder erwarten und junge Familien aus den Innenstadtbezirken an den Stadtrand oder in die nächsten kleineren Ortschaften von Großstädten ziehen, weil sie sich dort bessere Lebens- und Wohnbedingungen für ihre Kinder erhoffen. Damit sind die Innenstadtbezirke fast „kinderleer" geworden. Zum Beispiel sind in München von allen Haushalten nur noch bis zu 6 % solche mit einem Kind oder mit zwei Kindern. Dennoch gilt - trotz regionaler Unterschiede und mit Ausnahme einiger weniger Neubaugebiete - für viele Kinder heutzutage das Fehlen von Nachbarschaftskindern in der unmittelbaren Umgebung.

Dadurch wird es nunmehr neuerdings notwendig, Kinder überhaupt miteinander in Kontakt zu bringen. Spielgruppen müssen organisiert werden, weil das Spielen nicht mehr spontan in geschwisterlichen und/oder nachbarschaftlichen Spielgruppen vollzogen werden kann. Deshalb werden die Kinder bereits schon im frühen Alter in Krabbel- und Kinderkreise gebracht und mit steigendem Alter in zweckrationale Gruppen: in Schwimm-, Mutter-Kind-Gymnastik- und Turn- sowie Musik-, Tanz-, Mal- und sonstige Kurse, wodurch sie frühzeitig lernen müssen, sich in unterschiedlichen Rollenkontexten kompetent und autonom zu verhalten.

Zu vermuten ist, daß der Partizipationsgrad an derartigen Kursen mit der sozialen Schicht – vor allem auch mit dem Bildungsniveau der Mutter – korrelieren wird; genauere Daten fehlen uns jedoch hierüber. Durch die zunehmende Pädagogisierung und damit verbundenen Institutionalisierung von Kindheit wurden ferner die Mütter immer stärker zu Transporteurinnen ihrer Kinder, die sie von einer „Insel" zur anderen bringen und die ferner die Probleme der Zeitorganisation für ihre Kinder lösen müssen. Man spricht deshalb zurecht von der heutigen „Verinselung", von der „Pädagogisierung" und von der „Institutionalisierung" von Kindheit.

Die Geburtenreduktion hat weiterhin für die zweite Generation zur Folge, daß immer mehr Kinder keine Seitenverwandten besitzen, keine Tante oder keinen Onkel, keine Cousine, keine Cousins. Sie haben dafür heute die Chance, durch die gestiegene Lebenserwartung eher ihre Großeltern und ihre Urgroßeltern zu erleben. Die Abnahme der horizontalen und die Zunahme der vertikalen Verwandtschaftslinien ist im übrigen eine historisch völlig neue Erscheinung.

Wir haben hier im übrigen eine falsche Vorstellung über die Familie in der vorindustriellen Zeit. MITTERAUER – ein bekannter Sozialhistoriker – spricht vom Mythos der Generationenfamilie: durch die geringere Lebenserwartung und die ökonomischen Verhältnisse war die Drei-Generations-Familie in jener Zeit selten. Wenn die Enkel ihre Großeltern erlebten, dann eher den Großvater!

Zurück zum Thema: insgesamt bringt insbesondere die Ein-Kind-Situation das Kind in eine Minoritätenstellung innerhalb des gesamten Familienverbandes (also einschließlich der beiden Großelternfamilien). Gegenüber Minoritäten aber verhält sich die Umwelt selten neutral: sie nehmen entweder eine unterprivilegierte Stellung ein, oder sie genießen eine besondere Wertschätzung und Aufmerksamkeit. Kinder scheinen nun aber im Verwandtenverband wegen ihrer geringen Zahl zum „kostbaren Gut" bei uns zu werden, dem man „das Beste" (was immer der einzelne darunter verstehen mag) zukommen lassen möchte. So positiv diese Situation für das Kind zunächst erscheint, kann diese jedoch durch Verwöhnungsmöglichkeiten auch zu Defiziten in seiner Erziehung werden. Andererseits scheint die Minoritätenstellung die Kinder in der gesamten Gesellschaft in eine diskriminierende Stellung zu bringen, was mit dem Begriff „Kinderfeindlichkeit“ beschrieben wird.

Verändert haben sich zeitgeschichtlich ebenfalls die elterlichen Erziehungsziele und das Verhalten der Eltern gegenüber ihren Kindern und auch Jugendlichen, die ich nur ganz kurz erwähnen möchte.

Mehrere Untersuchungen über elterliche Erziehungsziele weisen alle in die gleiche Richtung: während der letzten zwanzig Jahre ist ein Wandel von traditionellen Zielen, wie Ehrlichkeit, Sauberkeit und Gehorsam, hin zu einer stärkeren Betonung von Selbständigkeit erfolgt. Auch auf der Ebene der Erziehungspraktiken sind zeitgeschichtlich entsprechende Veränderungen festgestellt worden, vor allem haben sich liberalere Umgangsmuster kontinuierlich durchgesetzt. Das fängt bei der Reinlichkeitserziehung an und setzt sich bis zur Ablehnung der Prügelstrafe als Erziehungsmittel fort, auch wenn körperliche Strafen von wenigen noch immer zur Durchsetzung elterlicher Vorstellungen angewandt werden.

Die heutige, gültige kindorientierte Pädagogik setzt ferner stärker - wie TEICHERT ausführt - „auf eine zähe Verhandlungsarbeit in Form von Erklärungen und Diskussionen als auf Ge- und Verbote. Viele neue Erziehungspraktiken verlangen demnach sehr viel Zeit und Energie“; und ich möchte hinzufügen: und kognitive Kompetenz. Diese Entwicklung hat DE SWAAN bereits 1982 mit den kurzen Worten sehr treffend beschrieben: die Entwicklung wäre verlaufen „vom Befehls- zum Verhandlungshaushalt“.

Die Erziehungspraktiken der Verhandlungsstrategie beginnen zwar heutzutage bereits in der Kleinkindphase, werden aber deutlich fortgesetzt im Jugendalter. Für diese Phase gilt aufgrund vieler empirischer, vor allem auch Replikationsuntersuchungen, im übrigen der gleiche Wandel: die Eltern sind bemüht, Verständnis für ihre adoleszenten Kinder an den Tag zu legen, ihnen eher als Freunde denn als Autoritätspersonen zu begegnen.

Auf dieses zeitgeschichtlich veränderte Elternverhalten könnte zurückzuführen sein, daß ein Generationskonflikt oder der als typisch gegoltene „Vater-Sohn-Konflikt“ in empirischen Erhebungen kaum mehr vorfindbar ist, jedenfalls aus der Sicht der Jugendlichen. Viele Untersuchungen zeigen stattdessen, daß eine gleichgebliebene positive Beziehung zwischen den Jugendlichen und ihren Vätern und ihren Müttern gilt.

Die Konfliktgespräche sind über die Jahrzehnte gleich geblieben und beziehen sich überwiegend auf die Themen: Kleidung, Hilfe im Haushalt, Unordentlichkeit (vor allem im Hinblick auf das eigene Zimmer), tägliche Rücksichtnahme.

Diese positiv erscheinende Entwicklung in der Eltern-Kind/Jugendlichen-Beziehung kann aber auch negative Folgen nach sich ziehen: der Ablösungsprozeß vom Elternhaus wird erschwert. Insofern ist es nicht verwunderlich, daß das *Overprotection-Phänomen* zuzunehmen scheint. Hierbei handelt es sich um ein Phänomen, das René KÖNIG mit „Überorganisation" beschrieben hat und das den fehlenden Ablösungsprozeß der Kinder vom Elternhaus bzw. der Eltern von ihren Kindern kennzeichnet. Er prognostizierte bereits in den 60er Jahren, daß durch die Kleinheit der modernen Familie und ihrer Kindzentriertheit die Zahl der überorganisierten Familien zunehmen würde und damit die Gründung und/oder die Stabilität einer neuen Ehe zunehmend gefährdet werden könnte. Nachgewiesen wurde der steigende Grad des *Overprotection-Phänomens* bisher nur durch amerikanische Studien. Für die Bundesrepublik Deutschland besitzen wir nur Fallstudien. Ein Hinweis auf die gestiegene Tendenz auch in Deutschland ist aus dem Anstieg der sogenannten Nesthocker zu entnehmen: noch nie in der Geschichte verblieben so viele Jugendliche so lange im Elternhaus wie heute, was nur zum Teil wirtschaftlich bedingt ist.

Denn wenn die Kinder im Jugendalter sind, sind die meisten Familien aus dem wirtschaftlichen Tief heraus, das viele Familien mit Kleinkindern hart zu spüren bekommen. Dieses finanzielle Tief vieler Familien hat in den letzten Jahrzehnten zu starken Unterschieden zwischen den sozialen Lagen von Kindern geführt, weil der Anteil von Kindern progressiv zugenommen hat, der von der Wohlstandsentwicklung abgekoppelt ist. So hat sich die Zahl der Familien mit Kindern, die von Sozialhilfe leben, in letzter Zeit vervielfacht; ferner hat die Zahl der Familien mit Arbeitslosigkeit zugenommen, und viele Kinder leben in völlig unzureichenden Wohnverhältnissen, weil der Wohnungsmarkt einkommensschwachen Eltern, insbesondere jungen Eltern, kinderreichen und alleinerziehenden, kaum eine Chance beläßt.

Ferner hat die Erwerbstätigkeit von Müttern zugenommen: 43 % aller Mütter mit Kindern unter 15 Jahren in den alten Bundesländern und 70 % in den neuen sind erwerbstätig. Über die Auswirkung der mütterlichen Abwesenheit durch Erwerbstätigkeit auf den Sozialisationsprozeß der Kinder haben wir zahlreiche Unersuchungen. Zusammenfassen lassen sich ihre Ergebnisse in einen Satz: die Erwerbstätigkeit von Müttern sagt per se über den Sozialisationsprozeß der Kinder nichts aus. Es kommen hier viele Faktoren in Frage, die sich zum Teil gegenseitig bedingen. So ist z. B. wichtig, aus welchem Grund die Erwerbstätigkeit der Mutter ausgeführt wird, wie sie selbst und ihr Ehemann zu dieser Erwerbstätigkeit stehen, die Art der Betreuungsinstitutionen, aus welchem Grund auch die betreuenden Personen diese Betreuungsaufgabe übernehmen usw. Und gleiches gilt auch für den Sozialisationsprozeß von Kindern von nichterwerbstätigen Müttern. Auch hier gilt: die Nicht-Erwerbstätigkeit sagt nichts über den Sozialisationsprozeß der Kinder aus, sondern aus welchem Grunde die Mutter keine Erwerbstätigkeit ausführt, die Einstellung des Ehemannes zu ihrer Nicht-Erwerbstätigkeit usw. sind beeinflußende Faktoren, die sich zum Teil - wie ich bereits erwähnte - gegenseitig bedingen.

Ich komme zum Schluß dieses Beitrages. Durch die aufgezeigte Kindzentrierung der Familie und durch die beschriebene Verinselung und Pädagogisierung von Kindheit, durch die Erziehungsmethode der Verhandlungsstrategie sind die Ansprüche an die Elternrolle derart gestiegen, daß heutzutage eine neue Gefahr besteht, daß nämlich diese Leistungsanforderungen an die Eltern in Leistungsüberforderung umkippen, was den Sozialisationsprozeß gefährden kann.

Bedeutung und Bedarf religiöser Erziehung in der Familie

Bernhard Grom

Sollen Kinder und Jugendliche überhaupt religiös erzogen werden, und wenn dies zu bejahen und in der Familie anzustreben ist, läuft dann die kirchliche Perspektive nicht Gefahr, das Entstehen einer außerkirchlichen Familienreligiosität zu verhindern? Wir sollten zuerst diese doppelte Frage klären, um so die Grundlage für die weiteren Überlegungen zu schaffen.

Der Sinn religiöser Erziehung in der Innen- und Außenperspektive von Kirche

Wenn Mitarbeiter der Kirchen von „Bedeutung und Bedarf religiöser Erziehung in der Familie" sprechen, regt sich in einem Klima allgemeinen Mißtrauens gegen Institutionen leicht der Verdacht, sie hätten nur die Rekrutierung von Kirchenmitgliedern im Sinn. Wer allerdings die beachtlichen Bemühungen der Religionspädagogik der letzten Jahrzehnte auch nur flüchtig zur Kenntnis nimmt, wird anerkennen müssen, daß diese in erster Linie an die Heranwachsenden denkt und mit der allgemeinpädagogischen Entdeckung des Kindes auch ein wissenschaftlich begründetes Verständnis für eine zwangsfrei und entwicklungsgerecht vermittelte Religiosität gewonnen hat. In der *Innenperspektive* von überzeugten Christen gebietet sich religiöse Erziehung als Dienst am Kind, nämlich als altersgemäßes *Partizipierenlassen* des Kindes an dem im Handeln und Feiern gelebten Daseinsverständnis der Eltern, das diese als „Wahrheit" und gleichzeitig als „Leben in Fülle" (Joh 10,10;14,6) ansehen. Überzeugte Christen wollen – wie es ein Buchtitel griffig ausdrückt – „Kinder nicht um Gott betrügen" (BIESINGER 1994). Im Gespräch mit Menschen am Rande oder außerhalb der Kirchen, das heißt in der *Außenperspektive* (die zugleich selbstkritische, empirische Wirkungskontrolle für die Innenperspektive sein muß) empfiehlt sich zwangsfreie religiöse Erziehung durch den enormen Beitrag, den sie (1) zum *psychischen Wohlbefinden* und (2) zur *sozialethischen Sinnstiftung* zu leisten vermag.

Niemand wird nichtchristlichen und säkularen Daseinsentwürfen unserer pluralistischen Gesellschaft und Psychokultur psychohygienische und sozialethische Impulse absprechen. Doch kann man feststellen, daß diese bei Personen mit christlicher Erziehung und Praxis tendenziell besonders stark sind, obwohl im Einzelfall eine schuldfixierte und angstbesetzte Religiosität belastend wirkt. So bezeichnen sich Westdeutsche, die regelmäßig den Gottesdienst besuchen - sofern sie evangelisch sind - um 16 Prozent häufiger und - sofern sie katholisch sind - um 10 Prozent häufiger als die Nichtkirchgänger als *mit dem Leben zufrieden*, und sogar von denen, die „an Gott glauben“, was bekanntlich nicht immer aktive Religiosität besagt, sind fünf Prozent mehr mit dem Leben zufrieden als von denen, die nicht an Gott glauben (EMNID 1992). Ähnlich zeigten über 30 Untersuchungen in den USA, daß zwischen engagierter Religiosität und Lebenszufriedenheit, diesem zentralen Indikator von Wohlbefinden und günstiger Psychohygiene, ein zwar nicht sehr starker, aber überzufälliger positiver Zusammenhang besteht (GROM 1996, S. 115). In bezug auf sozialethische Sinnstiftung lehrt eine Repräsentativumfrage von Gerhard SCHMIDTCHEN (1992) bei 15- bis 30jährigen Westdeutschen, daß junge Christen entsprechend ihrer kirchlichen Bindung (und damit auch Erziehung) mehr Familiensinn und häufiger *altruistische Grundsätze* äußern. Statements mit ausgeprägtem uneigennützigem Inhalt wurden von den Protestanten, die jeden oder fast jeden Sonntag den Gottesdienst besuchen, zu 71 Prozent, von denen, die dies aber selten oder nie tun, nur zu 29 Prozent bejaht. Bei den Katholiken zeigte sich ein Unterschied von 55 zu 33 Prozent. Dazu SCHMIDTCHEN:

> „Ohne die kirchliche Kultur würden altruistische Orientierungen in der Gesellschaft zurückgehen. Die säkulare Gesellschaft erzeugt jene Verhaltensorientierungen nicht, die sie dringend braucht.“ (S. 224)

Damit soll nicht behauptet werden, religiöse Erziehung mache die allgemein-pädagogischen Bemühungen um emotionale, soziale und kulturelle Entwicklung überflüssig. Nein, religiöse Erziehung kann diesen Bemühungen „nur“ einen eigenen Letzt-Sinn geben und Heranwachsenden jene sozusagen transsoziale Unterstützung gewährleisten, die 47 Prozent der Westeuropäer bezeugen, wenn sie in einer Wertestudie von 1990 erklären, daß sie aus dem religiösen Glauben „Trost und Kraft“ schöpfen. Die angeführten

Beobachtungen sprechen nun nicht für ein Sinnstiftungsmonopol von Religion nach dem Motto: „Ohne Gott hat dein Leben keinen Sinn", wohl aber für eine Vielfalt von Sinnquellen und ein dankbares, komparativisches: „Mit Gott hat unser Leben und Zusammenleben *mehr* Sinn, unbedingten Sinn."

Diffuser Transzendenzglaube oder aktive kirchliche Anregungen?

Wenn pastoral Verantwortliche in den Kirchen von der „Weitergabe" oder „Tradierung" des Glaubens reden und zusammen mit Sozialwissenschaftlern und Psychologen über deren Gelingen bzw. Scheitern nachdenken, wollen sie nicht irgendeine Religiosität oder Christlichkeit vermitteln, sondern eine, die dem Glaubensbekenntnis der Kirchen entspricht – so sehr bei diesen seit jeher ein anerkannter Pluralismus theologischer und spiritueller Varianten existiert. Verkennt und verhindert dieses Weitergebenwollen aber nicht die Möglichkeit einer *neuen Religiosität*, die Eltern und Kinder kreativ, in Auseinandersetzung mit ihrer Lebenswelt neben und außerhalb der Kirche entfalten wollen?

Diese Befürchtung sieht zwar richtig, daß eine religiöse Erziehung, die dem modernen Autonomiestreben nicht zuwiderlaufen will, auf autoritären Druck verzichten und durch geduldige Überzeugungsarbeit und kommunikative Pädagogik die Freiheit des Subjekts respektieren muß. Sie erkennt ebenso klar, daß die Moderne neben religiositätshemmenden auch religiositätsfördernde Faktoren umfaßt. Wer allerdings in Anlehnung an Heiner BARZ (1992) und mit Verweis auf das kreative Wassermann-Zeitalter eine völlig neuartige außerkirchliche Religiosität erwartet, überschätzt deren Originalität. So sind die spirituellen Ideen der gehobenen Esoterik der 80er und 90er Jahre keineswegs neu, sondern gehen einerseits auf mythische und schamanisch-energetistische Vorstellungen und andererseits auf altehrwürdige östliche Auffassungen (etwa Reinkarnation) zurück, wobei nur die Verbindung mit moderner Physik und Psychologie neu ist. Bei den Menschheitsfragen, die Religion und Philosophie seit Jahrtausenden bedenken, sind Innovationen schwer. Auch ist eine Religiosität, die über magische Kontrollwünsche und vage Vorstellungen von einer höheren Macht hinausgeht, in *einer* Generation gar nicht aufzubauen, sondern nur *dank anspruchsvoller Sozialisations- und Lernprozesse als Kulturerbe* zu erwerben – zumal eine an geschichtliche Offenbarung gebundene wie das Christentum. Sie entsteht nicht

„von selbst", sondern ist auf *aktive Anregungen* angewiesen, und solange diese die Freiheit des Heranwachsenden achten, wäre es unzutreffend, sie als Import, Kolonialisierung, Bevormundung oder Kreativitätshemmnis zu verdächtigen. Denn es ist grundsätzlich möglich, es ist vom Evangelium her, das ja um freie Zustimmung wirbt, auch geboten und in einer pluralistischen Gesellschaft, die keine homogenen konfessionellen Milieus mehr kennt und in der religiöser Konformitätsdruck längst von religiöser Bekenntnisscheu abgelöst wurde, auch naheliegend, daß jedes Elternpaar und jedes Kind das ihm mögliche Maß an Freiheit und Kreativität verwirklicht und die Anregungen kirchlicher Fremdsozialisation im Prozeß der Selbstsozialisation nach eigenen Überzeugungen und Motivschwerpunkten auswählt, akzentuiert und weiterentwickelt (und sie dabei auch z. T. synkretistisch mischt; GROM 1996, S. 31f.). Auf aktive Anregungen verzichten hieße für die Verantwortlichen in den Kirchen, den Evangelisationsauftrag zu verleugnen und die Eltern und ihre Kinder dem allgemeinen Transzendenzglauben und der diffusen „Religion auf Sparflamme" zu überlassen, die sie in der säkularisierten öffentlichen Meinung vorfinden.[1] Religionspädagogische Abstinenz würde die freie Wahl und Kreativität gerade einschränken.

Die Familie – ein herausragender Lernort des Glaubens

Welche Bedeutung hat nun speziell die Familie und indirekt auch die kirchliche Elternarbeit (Familienpastoral) für die aktiven Anregungen, die die erforderlichen religiösen Sozialisations- und Lernprozesse gewährleisten?

Neuerdings erkennen auch Soziologen mehr und mehr, daß die Familie – entgegen verfrühten Untergangsprognosen – in der gegenwärtigen Gesellschaft nicht verschwindet, sondern sich in verschiedenen Formen pluralisiert, in diesem Wandel erstaunlich stabil bleibt (NAVE-HERZ 1994; BERTRAM 1991-1995) und von den jungen Menschen als Lebensziel hochgeschätzt wird (IEP 1992; JDS 1992). Darum dürfte auch wieder eher mit

1 „Nicht Religion als Ganzes verschwindet, sondern die von der Kirche definierte Religiosität schwindet zugunsten einer von den einzelnen Subjekten selber definierten Religiosität. Sie wollen selber sagen, wie religiös sie sein wollen, und sagen dies teils ohne weitere Überlegungen, indem sie sich zusammensuchen, was am besten ihrem 'religiösen Bedürfnis' entspricht. Dabei betreiben viele eine Religion auf Sparflamme, eine ziemlich unkritische synkretistische Auswahl" (DUBACH 1989, S. 62).

Verständnis für die Tatsache zu rechnen sein, daß die Familie trotz Individualisierung, trotz eingeschränkter Eltern-Kind-Interaktionen, trotz gewachsener Kirchendistanzierung und Säkularisierung und trotz der entwicklungsbedingten Ablösung der Kinder im Jugendalter ein *entscheidendes Sozialisationsfeld, ein herausragender Lernort des Glaubens* ist, so daß jemand, der nicht in einem religiös-kirchlichen Elternhaus aufwächst, nur unter besonders günstigen Umständen, die heute so selten sind wie Erwachsenentaufen, einen Zugang zu Glauben und Kirche findet. Von den katholischen Jugendlichen über 16, die sich in Westdeutschland als religiös bezeichnen, erklären denn auch nur zwei Prozent, ihre Eltern hätten „keine besondere Beziehung" zur Religion gehabt, und weitere zwei Prozent, diese Beziehung sei „teils, teils" gewesen - gegenüber 62 Prozent, die die Eltern als „sehr religiös" einstufen (IFD 1987). Von den 15- bis 18jährigen Sekundarschülern, die in einer niederländischen Befragung sagten, sie hätten durch den christlichen Glauben Lebenssinn erfahren, hatten nur neun Prozent Eltern, die religiös und kirchlich nicht involviert waren - gegenüber 78 Prozent, deren Eltern dies waren (ALMA/HEITINK 1994). Die besondere Bedeutung des Elternhauses für die religiöse Erziehung belegen Untersuchungen, die von zwei verschiedenen Ansätzen ausgingen (siehe zusammenfassend GROM 1996,S. 21-23; CLARK/WORTHINGTON 1990).

1. Einerseits hat man Jugendliche direkt nach der *Bedeutung gefragt, die sie ihren Eltern und anderen Bezugspersonen für ihre religiös-kirchliche Entwicklung und Einstellung zuweisen.* Bei diesem Verfahren muß man zwar mit Fehleinschätzungen rechnen, doch dürfte dies kaum durchgängig der Fall sein, da die Ergebnisse auch von anderen, noch zu erwähnenden Untersuchungen bestätigt werden. Nennen von den 14- bis 29jährigen in Deutschland, wo die Kluft zwischen den Wertvorstellungen der Eltern und ihrer Jugendlichen besonders groß ist, zur viel zu allgemein formulierten Frage, was oder wer sie „im Denken am meisten beeinflußt" habe, 61 Prozent die Eltern, aber nur 17 Prozent Freunde, acht Prozent Lehrer und fünf Prozent das Fernsehen (Der Spiegel 1994), so nehmen die Eltern auch bei zwei ausländischen Untersuchungen zu speziell religiösen Einflüssen unangefochten die erste Stelle ein. Sowohl 16- bis 18jährige Schüler (DE VAUS 1983) als auch Studierende (HUNSBERGER/BROWN 1984) in Australien meinen, Mutter und Vater (die Mutter etwas mehr als der Vater) hätten ihre religiösen Überzeugungen wesentlich stärker bestimmt als Freunde, Mitarbeiter der Kirche, Lehrer und Verwandte außer den Eltern. Andere Einflüsse

als die der Eltern werden also durchaus anerkannt, aber von den meisten als geringer eingestuft. Die Schüler erklären, für ihr Selbstkonzept seien die engsten Freunde wichtiger als die Eltern, doch seien letztere für ihre religiösen Ansichten maßgeblicher.

Und die *Großeltern?* Ihr Einfluß wird von den Studierenden zwar nicht als überragend eingeschätzt, darf deswegen aber nicht gering geachtet werden. Einer Befragung von deutschen Berufs- und Gymnasialschülern zufolge, die sich nur mit diesem Thema befaßte, empfanden 34 Prozent die religiösen Erziehungsbemühungen ihrer Großeltern als hilfreich und nur 14,5 Prozent als unerwünscht (HEMEL 1989). Die auf einer Liste vorgegebenen Einflußmöglichkeiten von Großeltern wurden von den Schülern so gewichtet: Mitnehmen zum Gottesdienst, Tisch- und Abendgebet, Geschenke mit religiösem Hintergrund, Erzählen eigener Erfahrungen, Ermahnungen und Belehrungen, Gespräche über religiöse Fragen und Erzählen biblischer Geschichten.

2. In anderen Studien hat man die *Ähnlichkeit der religiösen Überzeugungen und Verhaltensweisen* der Jugendlichen mit denen ihrer Eltern und Freunde (oft nur nach der Wahrnehmung der Jugendlichen) untersucht und daraus auf deren Einfluß geschlossen. Obwohl das methodische Vorgehen unterschiedlich war, ergibt sich ziemlich eindeutig folgendes Bild. Sowohl in Österreich (VASKOVICS 1970) und im Ruhrgebiet (BOOS-NÜNNING/GOLOMB 1974) zu Beginn der 70er Jahre als auch bei Befragungen, die man zwischen 1978 und 1991 in den USA (WUTHNOW 1978; KIEREN/MUNRO 1987, OZORAK 1989), Australien (DE VAUS 1983; HUNSBERGER/BROWN 1984), Großbritannien (GIBSON 1989; FRANCIS/BROWN 1991), Flandern (HUTSEBAUT 1986), den Niederlanden (DE HART 1990) und Westdeutschland (IFD 1987) bei Jugendlichen aus verschiedenen Konfessionen durchgeführt hat, zeigt sich, daß religiös-kirchliche Überzeugungen und Verhaltensweisen mit um so größerer Wahrscheinlichkeit übernommen und beibehalten werden, je mehr Bedeutung die Herkunftsfamilie der religiösen Erziehung beimißt - obwohl die Weiterführung des religiös-kirchlichen Lebens mit zunehmendem Alter auch von außerfamilialen Einflüssen abhängt. Zu diesen gehört einer Allensbach-Umfrage zufolge die Teilnahme an einer Jugendgruppe, an Jugendgottesdiensten, Freizeitlagern der Pfarrgemeinde, Kirchenchor u. a. (IFD 1987). Joep DE HART (1980) hat bei 3.532 niederländischen Sekundarschülern zwischen 14 und 18, von de-

nen fast die Hälfte keiner Konfession angehörte, sehr differenziert ermittelt, wie bei allen fünf Aspekten ihrer Religiosität, die er untersuchte, nämlich der Bedeutung, die sie der Religion zumessen, der Kirchenmitgliedschaft, der Kirchgangshäufigkeit, der Gebetshäufigkeit und dem Bibellesen, die Korrelation mit der (wahrgenommenen) Bedeutung, die die Eltern der religiösen Erziehung zuerkennen, stärker war als mit den vier weiteren Einflußquellen, nach denen man fragte – nämlich: Gespräche mit Gleichaltrigen über Religion, Teilnahme am Konfirmandenunterricht sowie religiöse Diskussionen in der Schule, Gespräche mit Mitarbeitern der Kirche und Nutzung religiöser Rundfunk- und Fernsehsendungen. Beispielsweise hat die Gebetshäufigkeit zur religiösen Familienerziehung eine Beziehung, die fast viermal so stark ist wie zu Gesprächen mit Mitarbeitern der Kirche, und religiöse Gespräche mit Gleichaltrigen scheinen die Gebetshäufigkeit überhaupt nicht zu beeinflussen. Dazu DE HART:

> „Die religiöse Erziehung im Elternhaus ist von allen Kontexten, die wir untersucht haben, der bei weitem wichtigste Faktor, der die religiöse Einstellung der Schüler prägt. Andere Sozialisationsfelder sind nur in der Verbindung mit ihm von Bedeutung."

Die herausragende Bedeutung des Elternhauses ist kein Monopol. Der Einfluß von gleichaltrigen engen Freunden (und später auch des Lebenspartners und Bekanntenkreises) nimmt mit der Ablösung vom Elternhaus in vielen Bereichen – etwa Kleidung, Musikgeschmack, Freizeitaktivitäten – sicher zu, doch bleibt bei religiösen Fragen das Gewicht der Eltern überraschend stark. HUTSEBAUT (1986) hat festgestellt, daß sich Jugendliche mit Glaubenszweifeln zuerst an die Eltern und erst in zweiter Linie an ihre Freunde wenden, und nach DE VAUS (1983) besteht ein Unterschied zwischen *Glaubensüberzeugungen* und *religiöser Praxis*, wenn diese bei den engsten Freunden anders sind als bei den Eltern. Dann neigen nämlich 16- bis 18jährige dazu, in den religiösen Überzeugungen weithin den Eltern zu folgen – vielleicht weil sie diesen mehr weisheitliche Kompetenz zutrauen, vielleicht auch, weil sie lieber am Erstgelernten festhalten. In ihrer religiösen Praxis – zumal beim Gottesdienstbesuch –, die sie sich auf keinen Fall mehr von den Eltern vorschreiben lassen wollen, richten sie sich jedoch eher nach den Gewohnheiten und Erwartungen ihrer engsten Freunde. Die These von einer jugendlichen Subkultur trifft im religiösen Bereich also nur eingeschränkt zu, und wenn sich bei Jugendlichen eine Auswahl- oder Patch-work-Religiosität verbreitet, so übernehmen sie diese wohl vor allem von ihren Eltern.

Der Hinweis auf die einzigartige Bedeutung der Familie besagt auch nicht, daß dieser die Weitergabe des Glaubens leicht gelinge, sofern sie dies nur wolle. So stimmen die niederländischen Jugendlichen in der Studie von DE HART (1983) nur in der Konfessionszugehörigkeit weitestgehend mit den Eltern überein, weisen aber bei allen anderen Aspekten der Religiosität erheblich niedrigere Werte auf, wobei auch die Kinder von religiös stark engagierten Eltern großenteils deren Vorbild nicht folgen. Auch westdeutsche Umfragen zeigen bei den Antworten zum Gottesglauben, zum Gottesdienstbesuch und zum persönlichen Gebet ein enormes Gefälle zwischen der Generation der Erziehenden und der der jungen Erwachsenen (GROM 1990).

In einer säkularisierten Gesellschaft ist die Ersterziehung entscheidend

Man wird dies so deuten müssen: Wer heute religiös erzieht, tut es gegen einen mächtigen Säkularisierungstrend in der modernen Gesellschaft. Und wenn die nachwachsende Generation überhaupt noch einen Zugang zu einem religiös-kirchlichen Leben findet, führt er in erster Linie über die Herkunftsfamilie.

In soziologischer und sozialisationstheoretischer Hinsicht erklärt sich dies wohl dadurch, daß mit dem Wandel der Kirchlichkeit und Religiosität zur Privatsache religiös-kirchliche Glaubensüberzeugungen und Verhaltensweisen nur noch über das persönliche Zeugnis und Vorbild verinnerlicht werden können (KAUFMANN 1989). Man muß und kann sie nicht mehr aus rein gesellschaftlichen Gründen lernen. Vielmehr sind sie ganz in das Belieben der Eltern gestellt: Sie müssen die religiöse Erziehung - die längst nicht mehr selbstverständlich ist (SCHWAB 1995) - selbst besorgen und auch bei außerfamilialen Lernorten wie Kindergarten, Religionsunterricht, Konfirmandenunterricht, Gottesdienst und Jugendarbeit ermöglichen und unterstützen. Die Familie ist im religiösen Bereich zwar weder allmächtig noch „alleinerziehend“, doch bildet sie den *Ort der Ersterziehung*, der primären Sozialisation. Damit kann sie einerseits den Einstieg ins religiös-kirchliche Leben grundlegen und erleichtern oder dies unterlassen und andererseits die religiösen Anregungen außerfamilialer Lernorte (der sekundären religiösen

Sozialisation) unterstützen oder neutralisieren. Bezeichnenderweise zählen von den Jugendlichen, die die religiöse Einstellung ihrer Eltern übernommen haben, 37 Prozent den Religionsunterricht zu ihren Lieblingsfächern, während dies von den anderen nur sieben Prozent tun; auch beschreiben diese Jugendlichen die Person des Religionslehrers deutlich positiver als die anderen. Hat nicht bereits der „Dritte Familienbericht der Bundesregierung" (1979) festgestellt, daß auch die schulischen Leistungen eines Kindes bei allen Bemühungen kompensatorischer Erziehung nur zu verbessern sind, wenn die Eltern sie durch ihr ermutigendes Interesse unterstützen. Und hat die Privatisierung, die auch die Familie erfahren hat, nicht deren Chancen erhöht, sich stärker auf den emotionalen Austausch zu konzentrieren und – sofern sie kommunikationsfähig ist – zur „wichtigsten Form der Intimgruppe" (KÖNIG 1975) zu werden, in der „nahezu alle anderen individuellen Einflüsse der Umwelt miterlebt, mitgeteilt und familienselektiv interpretiert und verarbeitet werden" (WURZBACHER 1977)?

Es mag zutreffen, daß sich mit zunehmender Berufstätigkeit der Mütter und mit dem häufigeren Leben der Kinder in getrennten Institutionen mit mehreren Betreuungspersonen und spezialisierten pädagogischen Angeboten („Verinselung": ZEIHER 1983) die Eltern-Kind-Interaktionen verringern, doch haben Beziehungen, die für die soziale und religiöse Entwicklung unentbehrlich sind, nirgends eine bessere Chance, so zweckfrei, ganzheitlich und dauerhaft zu werden, wie in der Familie. Am wahrscheinlichsten wird diese Möglichkeit wohl dann verwirklicht, wenn ein „positiv-emotionales Klima" mit befriedigender Konfliktlösung, positivem gefühlsmäßigem Austausch und starkem Zusammenhalt entstehen kann (SCHNEEWIND 1991, S. 160). Der Gottesdienst wird feierlicher, der Konfirmandenunterricht systematischer und informationsreicher und die Jugendarbeit gleichaltrigenbezogener sein als das religiöse Leben in der Familie, doch kann der Glaube an keinem Lernort so lebenskontextgemäß, emotional intensiv, regelmäßig und durch das alltägliche Zusammensein plausibilisiert vermittelt werden wie in ihr – wenigstens grundsätzlich. Oder lerntheoretisch gesprochen: Das Lernen am Modell, durch Instruktion sowie durch Fremdverstärkung und soziale Bestätigung kann in der Familie eine eigene Intensität erreichen.

Damit wird auch begreiflich, von welchen Voraussetzungen eine erfolgreiche religiöse Erziehung in der Familie abhängt. Nämlich einerseits von *emotional befriedigenden, partnerschaftlichen Eltern-Kind-Beziehungen* und andererseits vom *Erlebbar- und Verstehbarwerden des Glaubens* in

Handlungen, Riten und Gesprächen der Familie. Daß dies die Weitergabe des Glaubens fördert und daß emotionale Kälte sowie religiöser Zwang sie verhindert, ist durch mehrere Studien zum emotionalen Klima und Erziehungsstil empirisch belegt (DUDLEY 1978; HOGE/PETRILLO 1978; IFD 1987; LUFT/SORELL 1987; POTVIN/SLOANE 1985; NIGGLI 1988, LLOYD 1991). Ein bezeichnendes Detail aus der Allensbach-Umfrage bei katholischen Jugendlichen über 16: Von denen, die sich wie die Eltern als religiös bezeichnen, wurden 44 Prozent mehr gelobt als getadelt; von denen, die die Religiosität ihrer Eltern nicht übernahmen, aber nur 31 Prozent.

Pastoralstrategisch ist aus all dem zu folgern, daß die Kirchen alle Bemühungen um eine wirksame Glaubensvermittlung familienorientiert gestalten, das heißt die Familie als wichtigsten Partner der Seelsorge betrachten sollten und die Eltern einerseits zur eigenen religiösen Erziehung in der Familie ermutigen und befähigen, sie andererseits aber auch für die Unterstützung der außerfamilialen Angebote der Kirche gewinnen.

Die meisten Eltern wünschen eine religiöse Erziehung, aber ...

Diese Folgerung beschreibt eine Aufgabe; sie gibt keine Erfolgsgarantie. Denn einerseits unterhalten die meisten jungen Eltern nur noch eine „lockere Gelegenheitsbeziehung" zur Kirche (A. DUBACH), was sich u. a. darin zeigt, daß beispielsweise von den katholischen Deutschschweizern, die ein Kind taufen lassen, nur 12 Prozent jede Woche und 21 Prozent einmal im Monat den Gottesdienst besuchen (SPI 1989). Von den Westdeutschen erwarten nur wenige von der Kirche Ehe- und Familienseminare und praktiziert nur noch eine Minderheit das gemeinsame Gebet in der Familie (MARTIN 1981). Doch andererseits *wünscht die Mehrheit der Eltern eine religiöse Erziehung* ihrer Kinder, mag diese auch wenig bewußt kirchlich und zum Teil nur Garant eines Existenzminimums an Ethik und Lebenssinn in einer verwirrenden Meinungsvielfalt sein. Von den westdeutschen Müttern mit Kindern unter 17 stimmen (1983) 64 Prozent der Aussage zu: „Für die seelische Entwicklung der Kinder ist es wichtig, daß man die religiösen Fragen der Erziehung nicht einfach übergeht." 60 Prozent meinen auch:

> „Religiöse Feste wie Weihnachten und Ostern sind für Kinder wichtig, und man sollte sie auch im religiösen Sinn begehen, z. B. mit Kirchenbesuch, Lesungen, Gebet oder auch Gespräch in der Familie über religiöse Fragen."

Auch erklären 50 Prozent von ihnen: „Schon mit Kleinkindern sollte man jeden Abend beten" (SCHMIDTCHEN 1984). Von der westdeutschen Gesamtbevölkerung über 18 halten 63 Prozent eine religiöse Feier bei der Geburt eines Kindes für wichtig – allerdings haben von der Bevölkerung über 16 nur fünf Prozent bei Treffen junger Familien in der Gemeinde mitgemacht (NOELLE-NEUMANN/KÖCHER 1993). Auch ist die evangelische Kirche mit dem Lebenswenderitual Konfirmation im Westen immer noch weitgehend konkurrenzlos (EBERTZ 1988), wenn auch viele darin vor allem eine schöne Familienfeier sehen. Familiengottesdienste sind sehr beliebt – allerdings besucht man sie nur, wann man will und delegiert – wie bei Religions- und Konfirmandenunterricht – die Aufgabe fast ganz an die kirchlichen Experten (siehe Synode der EKD 1995, S. 60). Für 68 Prozent der katholischen Deutschschweizer, die ein Kind taufen lassen, ist die religiöse Erziehung ein recht großes Anliegen – für die alternativ Eingestellten übrigens mehr als für die wirtschaftsbürgerlich oder hedonistisch-freiheitlich Denkenden –, doch „in den mündlichen Interviews mit den jungen Eltern konnte ein verbreitetes Gefühl der Hilflosigkeit in bezug auf die religiöse Erziehung der Kinder festgestellt werden. Die jungen Eltern sind sich bewußt, in einer anderen Zeit als ihre eigenen Kinder groß geworden zu sein, und sie fühlen sich heute in der veränderten gesellschaftlichen Situation hinsichtlich der Weitergabe des Glaubens an ihre Kinder unsicher" (DUBACH 1989, S. 135). Für viele war die eigene religiöse Erziehung mit Zwang und Angst verbunden, die sie ihren Kindern ersparen wollen. Sie anerkennen ausdrücklich die Kompetenz der Kirche für die religiöse Kindererziehung, sind freilich wenig bereit, deren Bemühungen aktiv zu unterstützen und überlassen die Entscheidung, zum Gottesdienst zu gehen oder nicht, lieber dem Kind.

Das Bild ist diffus, doch läßt es eines deutlich erkennen: Religiosität und Kirchlichkeit bedeuten dem einzelnen und der Familie wesentlich mehr als der Gesellschaft, obwohl deren Pluralisierung und Säkularisierung den Willen der Eltern zu religiöser Erziehung schwächt.[2] Die Ansprechbarkeit der

---

2 Die „religiöse Kompetenz" gehört in bezug auf die zentralen Werte der kollektiven Wertmatrix Rationalität, Effizienz und Leistung nicht zum Muß-Bereich (wie die grundlegenden Kulturtechniken) und auch nicht zum Soll-Bereich wie Partnerschafts- und Freizeitfähigkeit, sondern eben nur zum Kann-Bereich wie Familienfähigkeit und Freude an Kunst (HEMEL 1987).

Eltern für religiöse Erziehung ist größer, als der zurückgegangene Gottesdienstbesuch vermuten läßt.[3] Eine konsequente Familienorientierung der Seelsorge stößt zwar bald auf die Grenzen, die die unverbindliche touch-and-go-Mentalität ihr setzt, und niemand darf von ihr eine Rückkehr zu volkskirchlichen Verhältnissen erwarten, aber sie lohnt sich. Wie läßt sich dieses Potential nutzen?

Eine familienorientierte Pastoral- bzw. kirchliche Eltern- und Familienarbeit sollte nach allem, was oben ausgeführt wurde, optimalerweise ein dreifaches Ziel umfassen:

1. Grundlegende Hilfen zu einem emotional befriedigenden Zusammenleben, das heißt zu Kommunikations- und Problemlösefähigkeit, zur Allgemeinerziehung und zur gegenseitigen sozialen Unterstützung entsprechend dem Familienzyklus.

2. Ermutigung zu einer Gesprächsfähigkeit und Familienkultur, in der der Glaube gelebt, gefeiert und bezeugt wird - auch im Zusammenwirken mit der Pfarrgemeinde.

3. Ermöglichung von Kontakten mit anderen, gleichgesinnten Familien, um so neue Begegnungen, aber auch soziale Bestätigung und Anregung für eine christliche Familienkultur zu erfahren (GROM 1992).

Die folgenden Überlegungen konzentrieren sich auf das zweite Grundziel. Sie beleuchten zuerst Inhalte und Formen religiösen Lebens und Lernens in der Familie und dann mögliche Anlässe kirchlicher Eltern- und Familienarbeit.

---

[3] Eine repräsentative Untersuchung bei Eltern von 10- bis 13jährigen Kindern (Kindersurvey '93) enthält die bemerkenswerte Beobachtung: „In Westdeutschland finden wir unter den Eltern, die selbst nicht religiös erzogen wurden, 20 Prozent Väter und 32 Prozent Müttter, die ihre eigenen Kinder religiös erziehen. Anders als im Osten Deutschlands kann im Westen also durchaus eine abgebrochene Tradition wieder aufgenommen werden" (ZINNECKER/GEORG 1996).

Religiöses Leben und Lernen in der Familie: Ziele und Lernprozesse

Wozu kann man Eltern ermutigen, wie kann die Familie zu einem Lernort des Glaubens werden? Um dies herauszufinden, sollten wir einerseits grundlegende Ziele und Möglichkeiten und andererseits spezifische Lernprozesse religiöser Erziehung in der Familie betrachten.

Gleich, ob man vom Brauchtum, vom Kirchenjahr, von Taufe und Konfirmation oder von Alltagserfahrungen ausgeht – religiöses Tun und Sprechen sollte dem Kind und dem Jugendlichen als *Lebenshilfe (auch) aus dem Glauben* deutlich werden. Dies ist aber vor allem dann zu erwarten, wenn religiöse Erziehung altersgemäß und familiengerecht zur günstigen Lösung von *Entwicklungsaufgaben* beiträgt, die sich jedem Heranwachsenden stellen und die – wenn man alle psychologische Lebenshilfe bedacht hat – auch auf eine religiöse Sinndeutung und Mit-Erfahrung hin offen sind. Vier solche Entwicklungsaufgaben sollen skizziert werden (GROM 1989 u. 1993).

1. *Die Befähigung zu Momenten der Sammlung*, das heißt zum Umschalten der Aufmerksamkeit auf innere Wahrnehmung, so daß ein bewußteres Erleben und Verarbeiten, kurz: Selbststeuerung möglich wird. Manche Eltern vermitteln dies ausdrücklich durch Stille-Übungen oder kindgerechte Meditationstechniken, manche einfach durch besinnliche Pausen beim Erzählen und Feiern. Vor allem das Ritual des Zu-Bett-Gehens könnte in diesem Sinn mit einem Rückblick, einer Meditation des Tages verbunden werden, die in ein Gebet einmündet.

2. *Der Aufbau von Selbstwertgefühl* und damit der Fähigkeit, sich mit den Bewertungen seiner Person durch andere konstruktiv auseinanderzusetzen, sich von Minderwertigkeitsgefühlen und Selbstabwertungen zu distanzieren und sich trotz seiner Schwächen auf realistische Weise seiner positiven Eigenschaften bewußt zu sein. Hier könnte der Glaube an den Gott, der uns erschafft und uns in Jesus anspricht, ein höheres, transsoziales Bejahtsein erleben lassen, das uns mit der Zuneigung der Mitmenschen und über sie hinaus gilt und das uns auch in Tiefpunkten aufrichtet.

3. *Die Entwicklung einer positiven Lebenseinstellung*, die – statt ausschließlich zweckgerichtet und gefühlsarm zu reagieren oder das Leben durch totalen Konsum zu banalisieren – die Wunder der Natur noch

bestaunen und auch das Gelingen des Lebens als Geschenk Gottes feiern kann – im alltäglichen Dank wie auch in der Feier, und zwar in einer Spiritualität des „Genießens in Danksagung“ (1. Tim 4,4).

4. *Der Aufbau prosozialen Empfindens und Verhaltens,* das auf Einfühlung (Empathie) beruht. Es wird in der Familie grundgelegt und kann durch den Glauben über ein bloßes Muß der Gesellschaft und ein kaltes Sollen des Gewissens hinaus den motivierenden Sinn eines Mitwirkens mit Gott und Jesus erhalten.

Die eigene Art, in der christlicher Glaube in der Familie gelebt und bewußt gemacht werden kann, dürfte verständlicher werden, wenn man überlegt, in welcher Weise das Lernen am Modell, durch Instruktion sowie durch Fremdverstärkung und soziale Bestätigung gerade an diesem Lernort ablaufen kann.

1. *Lernen am Modell* im Sinne von Albert BANDURAS sozial-kognitiver Lerntheorie bedeutet hier die Chance, daß Kinder und Jugendliche nicht nur durch Unterweisung (Instruktion) und nicht nur durch ferne, medial vermittelte Vorbilder wie Dietrich BONHOEFFER oder Mutter TERESA, sondern bei ihren ersten und lange Zeit emotional nächsten Bezugspersonen („signifikanten anderen“) erfahren können, daß christlicher Glaube eine erstrebenswerte Sinnerfüllung bietet. Daß dies – zumeist in abgeschwächter Form – auch für Großeltern gilt, illustriert folgende Schüleraussage:

> „Die Zufriedenheit meiner Oma wurde von ihr mit Gott begründet, was mich oft nachdenklich macht und es als nachstrebenswert beurteilen läßt“ (HEMEL 1989).

Wenn sich diese Wirkung oft zu wenig entfaltet, liegt es nicht nur – wie die erwähnten Untersuchungen belegen – an emotional unbefriedigenden Eltern-Kind-Beziehungen und allgemeiner Kommunikationsunfähigkeit, sondern auch an einer spezifisch *religiösen Sprachlosigkeit.* Auch in relativ gläubigen Familien ist das persönliche religiöse Denken und Empfinden oft das am besten gehütete Geheimnis, so daß die Kinder den Eindruck gewinnen, das Christentum spiele bei ihren Eltern keine Rolle. Eltern dazu zu ermutigen, auf unaufdringliche und überzeugende Weise auszusprechen, was ihnen der Glaube bedeutet, setzt zunächst voraus, daß man den Irrtum überwindet, sie müßten sich als perfekte Helden des Glaubens präsentieren – wo gerade für kritische Jugendliche das Eingeständnis, daß der Glaube von Zweifeln angefochten und von persönlichen Schwächen beeinträchtigt wird, meistens viel glaubwürdiger wirkt.

Es erfordert auch die Einsicht – die man am sichersten in Eltern- oder Bibelkreisen erwerben könnte – daß Eltern nicht in der traditionellen kirchlichen Verkündigungssprache reden müssen, die sie oft als starr und erfahrungsfremd empfinden, sondern das Recht haben, ihr religiöses Denken und Empfinden in eigenen Worten auszudrücken, und daß sie auch die Fähigkeit haben, dies zu lernen – selbst wenn sie sich anfangs wie buchstabierende Erstkläßler vorkommen.

Schließlich müßte man zusammen mit den Eltern überlegen, welche *Anknüpfungspunkte* sich für das vorbildwirksame rechte religiöse Wort im rechten Augenblick anbieten und wo man gegebenenfalls gemeinsam feiern und beten kann. Wie kann man das *Brauchtum* zur Advents-, Weihnachts- und Osterzeit oder auch zum Erntedank zum gemeinsamen Erlebnis werden lassen und dabei auch ein Stück Glauben sinnenhaft bewußtmachen (siehe GARITZMANN 1995; HUTTER u. a. 1987; KÖNIG 1994)? Könnten die Gewohnheiten und *Rituale*, die sich um das gemeinsame Essen, das Zu-Bett-Gehen, die Geburtstage und den Hochzeitstag entwickeln, ein Element enthalten, das auf die religiöse Bedeutung des gemeinsam Erfahrenen hinweist – etwa in einem Gebet? Welche Formen von Tischgebet und Abendgebet halten Eltern für angemessen? Und könnte zum Brauchtum nicht auch ein von der ganzen Familie getragenes soziales Engagement gehören? Etwa das regelmäßige einfachere Essen, dessen Ersparnisse man einem Hilfswerk für Hungernde überweist, oder das Herstellen von Artikeln, die bei einem Bazar verkauft werden, oder Kontakte mit einem Behinderten, einem Ausländer u. ä.

Im Judentum, das man zu Recht als Familienreligion bezeichnet hat (DEXINGER 1992), werden Schabbat, Pesachfeier und Laubhüttenfest in der Familie gefeiert, und es ist bekannt, wie stark dies Kinder beeindruckt. Ähnlich, wenn in manchen evangelischen Familien der Vater seine Kinder um Vergebung für alles Unrechte bittet, bevor er zum Abendmahl geht. Das läßt sich nicht einfach nachahmen, doch regt es an nachzudenken, wie das religiöse Feiern in der Familie stärker entwickelt werden kann und wie die Eltern sowohl bei Familiengottesdiensten als auch bei der Konfirmation – so sehr sie die Mündigwerdung der Kinder beinhaltet – bis in die Zeremonien hinein mitwirken könnten.

2. *Lernen durch Instruktion*, das heißt durch Unterweisen und Nachdenken, soll – über die einzelnen Impulse einer Modellperson und über momentane innere Regungen hinaus – die Einsicht in Glaubensüberzeugungen und Verhaltensnormen fördern. Während nun die Predigt sowie der Religions- und Konfirmandenunterricht zusammenhängender vom Glauben sprechen können, dies allerdings stets in Gruppen tun, haben Eltern den Vorteil, mit ihren möglicherweise recht improvisierten, knappen Bemerkungen unmittelbarer auf den Lebenskontext des einzelnen Heranwachsenden eingehen zu können. Das gilt für die bereits erwähnten Anknüpfungspunkte bei Ritualen und Bräuchen ebenso wie für das gelegentliche Gespräch, in dem man auf Themen wie Beruf, Ehe, Kinder, Hunger in der Welt, Unterdrückung, Krieg, Tod, Glück oder Kirche kommt und vielleicht in einfachen Worten auf die Grundwerte Freiheit, Gerechtigkeit und Geschwisterlichkeit hinweist, die einem als Christ wichtig sind. Hier kann die Untersuchung von HUTSEBAUT (1986) daran erinnern, daß Jugendliche religiöse Fragen zwar am liebsten selber lösen, sie aber – wenn dies nicht gelingt – am ehesten mit den Eltern erörtern. Eltern, die gesprächsbereit sind, bleiben also auch in religiöser Hinsicht wichtige Gesprächspartner für sie.

3. *Lernen durch Fremdverstärkung und soziale Bestätigung* gelingt der Familie in besonderer Weise, sofern die Eltern-Kind-Beziehung so positiv ist, daß die Anerkennung durch die Eltern für den Heranwachsenden einen hohen Belohnungswert erhält. Dann können ihm Eltern – durch Anerkennung und Ermunterung, ohne Druck – zu verstehen geben, daß ihnen sein Gottesdienstbesuch, seine aktive Mitarbeit im Religions- und Konfirmandenunterricht sowie in der Jugendarbeit wichtig sind. Diese Motivation religiösen Verhaltens ist zwar extrinsisch, d. h. von außen angeregt, doch ist jede kulturelle und religiöse Entwicklung auf diese Stütze angewiesen, und Kinder registrieren sehr genau, was ihnen bei den Eltern Anerkennung einbringt und was nicht. Wenn sich Erzieher religiös neutral verhalten, neutralisieren sie die Bemühungen der kirchlichen Mitarbeiter.

Anlässe kirchlicher Eltern- und Familienarbeit

Was kann man tun, um die Eltern und Kinder mit der Pfarrgemeinde zu vernetzen und die Familie bei der Praxis und Weitergabe des Glaubens zu unterstützen? Dieser pastorale Bereich ist vielerorts unterentwickelt, weil er bei den Eltern enorme Schwellenangst, Delegationsmentalität und Terminschwierigkeiten zu überwinden hat, sich an ihren aktuellen Interessen ausrichten muß und deshalb viel schwerer zu organisieren ist als etwa Religionsunterricht. Eltern- und Familienarbeit ist auch zeitaufwendig und erfordert in Pfarrei und Region die nötige Zahl von Mitarbeitern, die sich dieser Aufgabe widmen. Obwohl nicht alle Arbeitsformen in allen Gemeinden möglich sind, sollen im folgenden Anlässe genannt werden, die grundsätzlich in Frage kommen.

Das Taufgespräch mit den Eltern, die ein Kind zur Taufe anmelden, bietet Gelegenheit, den Kontakt mit Pfarrer und Gemeinde zu überdenken und auch auf Hilfen hinzuweisen, die letztere jungen Eltern bietet. In größeren Pfarreien hat man im Anschluß an die Taufe die Eltern zu mehreren Gesprächskreisen über Glaube und religiöse Erziehung eingeladen. Zu den Hilfen, die katholischen Eltern, die ein erstes Kind taufen lassen, zur Verfügung stehen, gehören seit 1967 die 40 „Elternbriefe: Du und wir“, die ihnen (neuerdings) halbjährlich, unentgeltlich bis zum Ende der Grundschulzeit zugeschickt werden und Ratschläge zur gesamten Erziehung einschließlich der religiösen enthalten. Dieses Medium erwies sich in der bisherigen Form allerdings als unbefriedigend, weshalb die Herausgeber eine Neukonzeption erarbeitet haben (LÜSCHER u. a. 1978; HOFMEIER 1992).

Mutter-Kind-Gruppen (Krabbelstuben, Mini-Clubs) sind Spiel- und Gesprächsangebote von Pfarrgemeinden, Dekanaten oder Kreisbildungswerken für Mütter mit Kindern von eins bis vier Jahren – einmal pro Woche, sei es mit einer ausgebildeten Leiterin, sei es in eigener Regie der Mütter (ELLING 1982; HILLEBRAND 1994).

Elternabende für Eltern von Kindergarten- und Kindertagesstättenkindern: Wenn man Themen wie „Hygiene und Ernährung“, „Spielen und Spielzeug“, „Soziales Verhalten“ u. ä. kompetent behandelt, findet auch das Thema „Mit Kindern beten“ meistens Interesse.

Konfirmandenelternarbeit muß zwar gegen die Gewöhnung an eine Versorgungs- und Expertenkirche kämpfen und erreicht selten Väter oder sprachlich wenig gewandte Unterschichtangehörige, kann aber mit einer gewissen Aufgeschlossenheit gegenüber der Kirche rechnen, die der Konfirmandenunterricht des Kindes bewirkt. Vom Hausbesuch über Elternabende bis zu Wochenendseminaren und zur Mitarbeit der Eltern beim Konfirmandenunterricht wurden verschiedene Veranstaltungsformen erprobt (COMENIUS-INSTITUT 1979; HENNIG 1982; RELLER/GROHMANN 1985; HAHN 1985). Peter HENNIG:

> „Es gibt genug Themen, über die man sprechen kann, und es sind mehr Eltern zum Gespräch bereit, als sich aus der Teilnahme an herkömmlichen Veranstaltungen ablesen läßt [...] Die geringe Resonanz zu Anfang sollte nun aber nicht entmutigen. Die Eltern brauchen Zeit, mit dem Angebot vertraut zu werden" (S. 87, 130).

Veranstaltungen für Eltern und ihre Jugendliche über Themen, die beide Generationen angehen und die sie neu miteinander ins Gespräch bringen können (NEYSTERS 1979; MÜLLER 1984).

Familienfreizeiten oder kürzere Einheiten wie ein gemeinsam verbrachtes Wochenende oder ein Sonntag.

Familienkreise (Familiengruppen), die vier bis 12 Personen umfassen – möglichst auch konfessionsverschiedene, kirchlich wenig aktive und alleinerziehende – und sich einmal im Monat treffen und die Themen für den Erfahrungsaustausch selber bestimmen (SIEGERS 1984; SCHLAGHECK/SCHLAGHECK 1986; LAMPE 1992).

Familiengottesdienste, die möglichst von Eltern bzw. Elterngruppen vorbereitet werden.

Kontakte der Religionslehrkräfte mit den Eltern ihrer Schüler. Sie scheitern zwar oft an der Schwellenangst der Eltern vor Lehrer und Schule, an ihrem religiösen Desinteresse oder an der Überlastung der Lehrer. Trotzdem gibt es ermutigende Beispiele von kleinen Schritten:

> Als Religionslehrkraft an Elternabenden teilnehmen, um Vertrauen aufzubauen;
>
> für die Eltern von Grundschülern Elternabende anbieten, wo über Erwartungen an den Religionsunterricht, aber auch über christliche Feste und das Beten in der Familie gesprochen wird;

zu Beginn der Grundschulzeit oder der Sekundarstufe I in einem Brief den Eltern das Konzept des Religionsunterrichts erläutern und um ihre Unterstützung werben;

sich in der Schule für Sprechstunden bereit halten (LAMBERT 1983; RAUSCHER 1990; FRIEDRICH 1991).

Diese Übersicht dürfte auf ihre andeutende Weise zeigen, daß eine aktive Familienpastoral die religionspädagogische Kompetenz der Eltern nicht durch ein einzelnes großes Rezept, sondern nur durch einen Verbund von vielerlei Anregungen zu stärken vermag.

Literatur:

ALMA, H. A./HEITINK, G. (1994): Having faith in young people's world view and their life pattern, in: Journal of Empirical Theology 7(2), S. 52-74.

BARZ, H. (1992): Postmoderne Religion – die junge Generation in den alten Bundesländern, Opladen.

BERTRAM, H. (Hg.) (1991): Die Familie in Westdeutschland. Stabilität und Wandel familialer Lebensformen, Opladen.

BERTRAM, H. 1992): Die Familie in den neuen Bundesländern. Stabilität und Wandel in der gesellschaftlichen Umbruchsituation, Opladen.

BERTRAM, H. (1995): Das Individuum und die Familie in Deutschland. Familiäre Lebensformen im Lebenslauf, Opladen.

BERTRAM, H. (1995): Das Individuum und seine Familie. Lebensformen, Familienbeziehungen und Lebensereignisse im Erwachsenenalter, Opladen.

BIESINGER, A. (1994): Kinder nicht um Gott betrügen, Freiburg.

BOOS-NÜNNING, U./GOLOMB, E. (1974): Religiöses Verhalten im Wandel, Essen.

CLARK, C. A./WORTHINGTON, E. L. (1990): Family variables affecting the transmission of religious values from parents to adolescents. A review, in: BARBER, B. K./ROLLINS, B. C (Hg.): Parent-adolescent relationships, Lanhan, S. 167-191.

COMENIUS-INSTITUT (1979): KU-Praxis 12/13: Konfirmanden-Eltern-Arbeit, Münster.

DE HART, J. (1990): Impact of religious socialization in the family, in: Journal of Empirical Theology 3, 1, S. 59-78.

DER SPIEGEL (1994) Nr. 38 S. 65-90.

DE VAUS, D. A. (1983): The relative importance of parents and peers for adolescent religious orientation: An australian study, in: Adolescence 18, S. 147-158.

DEXINGER, F.(1992): Judentum als Familienreligion, in: Diakonia 23, S. 256-261.

DUBACH, A. (1989): Welt- und Lebensdeutung junger Eltern, 37-76; Erziehungsziele, S. 123-151. in: SPI.

DUDLEY, R. L. (1978): Alienation from religion in adolescents from fundamentalist religious homes, in: Journal for the Scientific Study of Religion 17, S. 189-198.

EBERTZ, M. N. (1988): Heilige Familie? Die Herausbildung einer anderen Familienreligiosität, in: Deutsches Jugendinstitut (Hg.), Wie geht's der Familie?, München, S. 403-414.

ELLING, E. (1982): Eltern-Kind-Gruppen als Chance für Gemeinden, in: Katechetische Blätter 107, S. 622-623.

EMNID (1992): Unveröffentlichte Ergebnisse zur Spiegel-Umfrage „Was glauben die Deutschen?", Bielefeld.

FRANCIS, L. J./BROWN, L. B. (1991): The influence of home, church and school on prayer among sixteen-year-old adolescents in England, in: Review of Religious Research 33, S. 112-122.

FRIEDRICH, A. (1991): Katechetische Elternbildung, in: Christlich-Pädagogische Blätter 104, S. 42-43.

GARITZMANN, H. (1995): Durch das Jahr – durch das Leben. Hausbuch der christlichen Familie, München.

GIBSON, H. M. (1989): Attitudes to religion and science among schoolchildren aged 11 to 16 years in a scottish city, in: Journal of Empirical Theology 2, 1, S. 5-26.

GROM, B. (1989): Religionspädagogische Psychologie, Düsseldorf.

GROM, B. (1990): Glaubensvermittlung in der Tradierungskrise, in: Stimmen der Zeit 208, S. 827-838.

GROM, B. (1992): Familie – Lernort des Glaubens. Theologie im Fernkurs. Lehrbrief 17, Würzburg.

GROM, B. (1993): Erfahrungsbezogen von Gott sprechen, in: Lebendige Katechese 15, S. 114-120.

GROM, B. (1996): Religionspsychologie, München.

HAHN, K. (1985): Ziele und Formen der Konfirmandenelternarbeit in Abhängigkeit von unterschiedlichen Gemeindeverhältnissen, in: Pastoraltheologie 74, S. 202-220.

HEMEL, U. (1987): Lebenskarrieren in der modernen Gesellschaft und religiöse Tradierungskrise, in: Religionspädagogische Beiträge 19, S. 93-102.

HEMEL, U. (1989): „Wenn sie nicht Christen wären, wäre ich auch keiner ..." Eine empirische Erhebung zur Bedeutung der Großeltern in der religiösen Erziehung, in: Religionsunterricht an höheren Schulen 32, S. 230-238.

HENNIG, P. (1982): Konfirmandenelternarbeit, Stuttgart.

HILLEBRAND, M. (Hg.) (1994): Mutter-Kind-Gruppen. Werkbuch, Limburg.

HOFMEIER, J. (1992): „Elternbriefe: Du und wir" – Ein religionspädagogisches und pastorales Medienangebot, in: ANGEL, H.-F./HEMEL, U. (Hg.): Basiskurse im Christsein, Frankfurt/M., S. 118-124.

HOGE, D. R./PETRILLO, G. H. (1978): Determinants of church participation and attitudes among high school youth, in: Journal for the Scientific Study of Religion 17, S. 359-379.

HUNSBERGER, B. E./BROWN, L. B. (1984): Religious socialization, apostasy, and the impact of family background, in: Journal for the Scientific Study of Religion 23, S. 239-251.

HUTSEBAUT, D. (1986): Die Rolle der Bezugspersonen bei der Vermittlung von Glauben, in: FRAAS, H.-J./HEIMBROCK, H.-G. (Hg.): Religiöse Erziehung und Glaubensentwicklung, Göttingen, S. 63-81.

HUTTER, E./FUNICK, R./DRAF, D. (Hg.) (1987): Zuhause feiern, spielen, beten, Wien.

IEP, Institut für Empirische Psychologie (Hg.) (1992): Die selbstbewußte Jugend, Köln.

IFD, Institut für Demoskopie, Allensbach (1987): Weitergabe des Glaubens. Einflüsse auf die Tradierungschancen des Glaubens in der Familie. Manuskript.

JDS, Jugendwerk der Deutschen Shell (Hg.) (1992): Jugend '92. Bd. 2: Im Spiegel der Wissenschaften, Opladen.

KAUFMANN, F.-X. (1989): Unbeabsichtigte Nebenfolgen, in: POTTMEYER, H. J. (Hg.): Kirche im Kontext der modernen Gesellschaft, Zürich, S. 8-34.

KIEREN, D. K./MUNRO B. (1987): Following the leaders: Parents' influence on adolescent religious activity, in: Journal for the Scientific Study of Religion 26, S. 249-255.

KÖNIG, H. (1994): Das große Jahresbuch für Kinder. Feste feiern und Bräuche neu entdecken, München.

KÖNIG, R. (1975): Familie und Familiensoziologie, in: BERNSDORF, W.: Wörterbuch der Soziologie. Band 1, Frankfurt/M., 207-221.

LAMBERT, B. (1983): Beispiele für die Integrierung der Eltern in die religiöse Bildung und Erziehung an den Schulen, in: Katechetische Blätter 108, S. 475-477.

LAMPE, W. (1992): Familienkreise in der Gemeinde, in: Diakonia 23, 266-271.

LLOYD, D. H. (1991): The effect of parental control styles on the religious orientation of southern baptist mid-adolescents, in: Diss. Abstract Intern. 51, A – 3030.

LÜSCHER, K./GIEHLER, W./STOLZ, W. (Hg.) (1978): Elternbildung durch Elternbriefe, in: SCHNEEWIND, K./LUKESCH, H. (Hg.): Familiäre Sozialisation, Stuttgart, S. 324-351.

LUFT, G. A./SORELL, G. T. (1987): Parenting style and parent-adolescent religious value consensus, in: Journal of Adolescent Research 2, S. 53-68.

MARTIN, N. (1981): Familie und Religion. Ergebnisse einer EMNID-Spezialbefragung, Paderborn.

MÜLLER, P. (1984): Begegnen, Verstehen, Verändern. Kirchliche Jugendarbeit mit Eltern und Familien, München.

NAVE-HERZ, R. (1994): Familie heute. Wandel der Familienstrukturen und Folgen für die Erziehung, Darmstadt.

NEYSTERS, P. (1979): Eltern und Jugendliche im Gespräch, Würzburg.

NIGGLI, A. (1988): Familie und religiöse Erziehung in unserer Zeit, Bern.

NOELLE-NEUMANN, E./KÖCHER, R. (Hg.) (1993): Allensbacher Jahrbuch der Demoskopie 1984-1992, München.

OZORAK, E. W. (1989): Social and cognitive influences on the development of religious beliefs an commitment in adolescence, in: Journal for the Scientific Study of Religion 28, S. 448-463.

POTVIN, R. H./SLOANE, D. M. (1985): Parental control, age, and religious practice, in: Review of Religious Research 27, S. 3-14.

RAUSCHER, E. (1990): Praxisorientierte Thesen zur Kooperation von Religionslehrern und Eltern, in: Christlich-pädagogische Blätter 103, S. 277-280.

RELLER, H./GROHMANN, R. (1985): Lernen, um zu lehren. Eltern geben Vorkonfirmandenunterricht, Gütersloh.

SCHLAGHECK, K./SCHLAGHECK, M. (1986): Aktion Familientreff, Würzburg.

SCHMIDTCHEN, G. (1984): Die Situation der Frau, Berlin.

SCHMIDTCHEN, G. (1992): Ethik und Protest, Opladen.

SCHNEEWIND, K. A. (1991): Familienpsychologie, Stuttgart.

SCHWAB, U. (1995): Familienreligiosität. Religiöse Traditionen im Prozeß der Generationen, Stuttgart.

SIEGERS, C. M. (1984): Miteinander im Gespräch bleiben. Arbeitshilfen für Familiengruppen und Gesprächskreise, Düsseldorf.

SPI, Schweizerisches Pastoralsoziologisches Institut (Hg.) (1989): Religiöse Lebensumwelt junger Eltern. Ergebnisse einer schriftlichen Befragung in der Deutschschweiz, Zürich.

SYNODE DER EVANG. KIRCHE IN DEUTSCHLAND (Hg.) (1995): Aufwachsen in schwieriger Zeit - Kinder in Gemeinde und Gesellschaft, Gütersloh.

VASKOVICS, L. A. (1970): Familie und religiöse Sozialisation, Wien.

WURZBACHER, G. (1977): Die Familie unter den Aspekten eines lebenslangen Sozialisationsprozesses des Menschen, in: ders. (Hg.): Die Familie als Sozialisationsfaktor, Stuttgart, S. 1-32.

WUTHNOW, R. (1978): Experimentation in american religion, Berkeley.

ZEIHER, H. (1983): Die vielen Räume der Kinder, Weinheim.

ZINNECKER, J./GEORG, W. (1996): Die Weitergabe kirchlich-religiöser Familienerziehung und Orientierung zwischen Eltern- und Kindergeneration, in: ZINNECKER J./ SILBEREISEN, R. K., Kindheit in Deutschland. Aktueller Survey über Kinder und ihre Eltern, München.

ZINNECKER, J./SILBEREISEN, R. K.: Kindheit in Deutschland. Aktueller Survey über Kinder und ihre Eltern, München, S. 347-356.

Erzieherische Kompetenz und religiöse Erziehung in der Familie

Gerhard Rau

Die zu behandelnde Thematik ist im ganzen appellativ angelegt: Laßt uns dazu beitragen, daß die Familie ihren unersetzlichen Beitrag zur religiösen Erziehung (wieder) zu leisten vermag!

Alle hierbei einschlägigen Begriffe (Kind, Familie, Erziehung, Religion, Kompetenz) müßten wohl bei jedem einzelnen Beitrag analytisch eindeutig gemacht werden, soll jeweils am Ende ein argumentativ schlüssiges positionelles Resultat herauskommen. Ganz abgesehen davon, daß es sowieso schwierig sein dürfte, die verschiedenen Beiträge der vorliegenden Dokumentation für eine Empfehlung kompatibel zu machen.

Dabei ist ein besonderes praktisch-theologisches Erkenntnisinteresse in die Frage eingebunden: Welches Kirchenverständnis hat zu der immer stärkeren kirchlichen Institutionalisierung der religiösen Sozialisation, mit anderen Worten zur Emigration der religiösen Kindererziehung aus der Familie geführt?

Die Emigration der religiösen Kindererziehung aus der Familie

Bei den ersten makrosoziologischen Erhebungen zur Kirchenmitgliedschaft Anfang der 70er Jahre gab es eine starke Zustimmung bei all jenen Feststellungen, mit denen der Kirche eine vitale Funktion zuerkannt wird bei der religiösen oder überhaupt bei der Erziehung der Kinder. Neben der diakonischen Funktion ist diese gesellschaftliche Aufgabe der Institution Kirche die am wenigsten bestrittene, im Gegenteil, im Bewußtsein der Bevölkerung ist die Delegation der Wertevermittlung, der moralischen Sozialisation an die Institution Kirche, an den Religionsunterricht, vor allem an den Konfirmandenunterricht, bedingt auch an die Kindergartenarbeit plausibel - zumindest noch in jenen Jahren.

Im Sinne einer geglückten, weil gesellschaftlich sanktionierten Arbeitsteilung zwischen Eltern und Schule bzw. Kirche ist von einem Ursprungsrecht, geschweige von einer Ursprungspflicht für religiöse Erziehung auf Seiten der Eltern und Paten im Bewußtsein der Befragten wenig übriggeblieben.

Nun mag das auch damit zusammenhängen, daß das Forschungsinteresse jener Massenerhebungen mehr der Institution Kirche, deren Stabilität - oder im Bereich der VELKD bei ihrer Untersuchung mehr dem besonderen Gottesdienst und seiner Attraktivität - gegolten hat als dem religiösen Leben in der Kernfamilie.

Immerhin: der Ausdifferenzierung von Funktionen kirchlicher Organisation in pädagogische, diakonische, liturgische, publizistische, seelsorgerlich-beratende und so fort scheint auf der Erwartungsebene der Kirchenmitglieder in deren Bewußtsein ein dazu passendes Kirchenbild zu existieren, wobei noch offen bleibt, wie diese Wechselwirkung von Expertenkirche und Kirchenverständnis im Kopf der Bevölkerung zustandegekommen ist. Die Henne-und-Ei-Reihenfolge ist auch hierbei kaum noch zu klären.

Gründe für eine derartige Delegation originärer Elternaufgaben an eine familienexterne Organisation sind benennbar:

1. Mit der erheblichen Verlängerung der Schulunterrichtszeit für einen immer größeren Anteil der Kinder und Jugendlichen über das 14. Lebensjahr hinaus vermehrte sich - rein quantitativ - das Angebot eines kirchlich verantworteten Religionsunterrichts an der Schule. Die Kirche partizipierte gleichsam automatisch an der Expansion der "formellen Bildungsangebote".

2. Die Tendenz, in allen Schulgattungen Religionsunterricht zu erteilen, suggeriert eine kirchliche Gesamtzuständigkeit für Erziehungsfragen während der gesamten Ausbildungszeit, die bei qualifizierterer Ausbildung bis an das 30. Lebensjahr heranreicht. Studentengemeinden sind so letzte Glieder einer Kette der Betreuungskirche für Auszubildende.

3. In einer bestimmten Zeit, zwischen dem 12. und 14. Lebensjahr, kommt es zudem zu einer Verdoppelung von kirchlich-religiösem Unterricht (Religionsunterricht zusammen mit Katechumenen- oder Konfirmandenunterricht); auch hier also eine enorme kirchliche Investition.

4. Die stärkere pädagogisch-didaktische Integration des Religionsunterrichts in die Schule gab diesem Unterricht ein immer deutlicheres professionelles Gepräge und erhöhte damit die berechtigte Erwartung bei den Eltern für eine gelingende religiöse Erziehung mit konfessioneller Einfärbung, die man konfliktmindernd lieber an eine familienexterne Einrichtung delegierte.

5. Bei geschiedenen Eltern kommt es nicht selten sowieso zu einer Erziehungsabstinenz in Religion, da das Scheitern der Ehe als Versagen auch in religiöser Hinsicht empfunden wird.

6. Die Isolierung der modernen Kleinfamilie mindert die Sozialkontrolle durch Nachbarn, Freunde, Verwandte. Religiöse Erziehung war aber traditionellerweise sozial verankert – und sei es in der Dreigenerationen-Familie bei der ältesten, der Großelterngeneration. So hat z. B. die russisch-orthodoxe Kirche in diesem Jahrhundert vermutlich nur durch die Babuschkas überlebt, die ihre Enkel zur Taufe brachten.

7. Die theologische Verwissenschaftlichung der Religion im schulischen Religionsunterricht vermittelt Eltern das Gefühl von Laien-Dilettantismus. Die Popularisierung von theologischen Streitthemen in Illustrierten verstärkt das Unterlegenheitsgefühl gegenüber einer Fachtheologie.

8. Mit der modernen Pluralisierung ethischer Standpunkte – besonders bei Höherausgebildeten – wird einerseits die Religiosität von der Moral entkoppelt, andererseits erwartet man von der Kirche etwas, was man selbst nicht mehr vertreten kann, was aber dennoch nach wie vor nötig zu sein scheint: eine allgemeine, eine sogenannte Grundmoral.

Die Ineffizienz und Insuffizienz der religiösen Sozialisationsagenturen außerhalb der Familie

In den 60er Jahren wurde im Zusammenhang mit der Diskussion zur Kirchenreform immer wieder das Konzept eines Gesamtkatechumenats angepriesen, das dann in den 70er Jahren sogar curricular entfaltet worden ist. Dabei ging es im wesentlichen um das Selbstverständnis eines theologisch anspruchsvollen Religionsunterrichts, der die hermeneutisch orientierte

Theologie mit ihren damals ausgesprochen historisch-kritischen Methoden den Schülern vermitteln könnte.

Solche hermeneutisch-reflexive Religionsvermittlung setzte eigentlich voraus, daß die Schüler vorweg im Elternhaus, im Kindergottesdienst, im Kindergarten eine mythisch-narrative Vermittlung religiöser Inhalte erfahren hätten. Nur so wäre - lernpsychologisch gesprochen - eine reflexive Distanzierung vom Mythischen und Symbolischen verständlich und könnte in einen "rational-gesteuerten Entscheidungsglauben" weiterentwickelt werden.

Selbst die darauf folgenden alternativen religionspädagogischen Konzeptionen von Problem-, von Schüler-, von Religionsorientierung setzen gleichsam vorrationale Begegnungen mit religiöser Tradition voraus. Genau dies scheint aber nicht mehr der ohne weiteres erwartbare Regelfall zu sein. Im Modell der Dialektik gesprochen: der Fortgang der Entwicklung über eine *negatio* (Verneinung) hin zu einer erneuten *positio* (Bejahung) ist nicht möglich, weil eine Ausgangsidentifikation mit religiöser Wirklichkeit gar nicht gegeben ist.

Bei den erwähnten Befragungen schert der Konfirmandenunterricht und die Begegnung mit dem Konfirmator aus den allgemeinen Befragungsergebnissen insofern aus, als die Erinnerung an den Konfirmator und die Erinnerung an die Konfirmandengruppe auffallend positiv, die Erinnerung an den Konfirmandenunterricht und den dort verhandelten Stoff hingegen eher unerfreulich war. Das Gemeinschaftserlebnis in der Gruppe und die alternative Autoritätsperson jenseits von Elternhaus und Schule scheinen hochfunktional zu sein bei der altersmäßigen Entwicklung von 12-15jährigen.

Die These von der Ineffizienz und Insuffizienz dieser formalisierten und institutionalisierten Angebote an religiöser Sozialisation ist auch die Folge einer Enttäuschung, die von einer überhöhten Erwartung herrührt.

1. Die religiöse Sozialisation müßte die aktive Kirchenmitgliedschaft fördern, das heißt aus Konfirmanden treue Gottesdienstbesucher machen - diese Erwartung bleibt indes nicht erst in jüngster Zeit unerfüllt.

2. Die religiöse Sozialisation im institutionellen Rahmen müßte den persönlichen Glauben stärken, festigen und eine Bereitschaft für eigene Glaubensverantwortung fördern - selbst wo das einträte, hätte die Glaubenspraxis wohl eine andere Gestalt als die intendierte.

Für die Ernüchterung bei der sogenannten Sozialisationsbilanz des organisierten Angebots an Religionsunterricht und Konfirmandenunterricht können und dürfen nicht einfach die Unterrichtenden, Lehrenden, Erziehenden haftbar gemacht werden. Denn mit Sicherheit ist das pädagogisch-didaktische Niveau und Engagement in den letzten Jahrzehnten eher höher gewesen als in den Jahren davor.

Die Schuld am Scheitern der "guten Konzeptionen" kann auch nicht einfach den schulischen und kirchlichen Rahmenbedingungen gegeben werden. Die kritische Frage nach der Disposition der Schüler für eine solche Sozialisation ist dabei sicherlich differenzierter und so adäquater gestellt: Wie verhalten sich Schülerinteressen, Schülerbedürfnisse, Schüler-Plausibilitäten, allgemeine Lebenspraxis zu dem, was an Traditions- und Programmvermittlung im Religionsunterricht "angeboten" wird?

Die eigentliche Anfrage gilt jedoch der sozialen Situation selbst: Können religiöse Gehalte und Inhalte überhaupt in sogenannten Sekundärgruppen in Erfahrung gebracht werden, wenn sie nicht unmittelbar anknüpfen können an Erfahrungen, die in Primärgruppen gemacht worden sind?

Die Krise in der Vermittlung von Religionspraxis hängt zusammen mit den Bedingungen einer notwendigen Abstraktion und Objektivation der Inhalte, einer Abstinenz von unmittelbarem Erleben oder wenigstens von einer Erfahrung, die ein bereits verbalisiertes, kategorisiertes *Erleben* durchscheinen läßt. (Das Programm einer Biblischen Theologie versucht diese Schwierigkeiten mit einer Art von neuer Naivität zu überwinden, wobei richtig daran ist, daß biblische Zeugnisse solche Erfahrungen erst einmal ermöglichen müssen, bevor sie "gemacht werden können".)

Die Subjektivierung und Individualisierung von Religiosität könnte allerdings bereits so weit fortgeschritten sein, daß soziale Kommunikationsformen derselben oder traditionale Kulturgestalten von Religion gar nicht mehr als gegenstandsadäquat empfunden werden. Der journalistisch derzeit gut vermarktbare Titel "Religion ja, Kirche nein" oder die Formulierung "Religion/Glaube ohne Kirche" in einer Ausgabe des „Focus“, sie drücken das Dilemma präzise aus.

Das ekklesiologische Selbstverständnis als Vehikel für eine religiöse Sozialisation

In der Analyse der Befragungsergebnisse zur Kirchenmitgliedschaft in den 70er Jahren wurde immer wieder darauf hingewiesen, daß eine Reihe paradoxer Aussagen vorläge, die zu Aporien führen müßten. Zum Beispiel: alle sind für Frieden, das Engagement für den Frieden rangierte auf der Werteskala der Deutschen ganz oben. Eine politische Predigt, ja ein politisches Christentum wurde indes abgelehnt von den meisten. Wie soll der politische Frieden mit unpolitischen Einstellungen gesichert werden können? Die Aporie betraf direkt den Handlungsauftrag an die Kirche: die Kirche wäre demnach zu politischer Abstinenz aufgefordert von ihren Mitgliedern und sollte doch gleichzeitig sich kräftig für den Frieden einsetzen.

Eine ähnliche Aporie ergibt sich im Blick auf die religiöse Sozialisation: Religion ist mehr gefragt denn je, ihre Wahrnehmung als Dimension der Existenz ist derzeit merkwürdig unbestritten, im Gegenteil. Die Agenturen allerdings, durch die Religion vermittelt wird - noch immer mehrheitlich die beiden Großkirchen - werden im Endeffekt als funktionsneutral bis dysfunktional bei der Religionsvermittlung charakterisiert.

Wo ließen sich denn Funktionsäquivalente finden? Wie auf dem Felde der Ökologie, so auch hier: wir haben zwei Strategien im Angebot. Zum einen Verstärkung der pädagogisch-didaktischen Anstrengungen der Großkirchen und der staatlichen religionspädagogischen Facheinrichtungen. Gleichsam die Steigerung der Technologie zur Überwindung von deren "Schmutzeffekten". Alternativ dazu: die drastische Absenkung der Investitionen an Geld und Personal in diesem Bereich. "Die Kirche verlasse die Schule und werfe sich mit aller Kraft auf die Gemeindeseelsorge", heißt dann der Rat.

Vermutlich ist keiner dieser Wege, wird er zum ausschließlichen, der gesuchte Heilsweg. Zuvor wären zudem einige dogmatisch-ethische Grundsatzfragen zu klären und zu beantworten, was im folgenden geschehen soll.

Bei einer konfessionellen Differentialanalyse muß es verwundern, daß die angeblich organisatorisch-institutionell völlig ausgebaute Katholische Kirche als sogenannte *societas perfecta* ein qualifizierteres Elternrecht in bezug auf die Erziehung kennt als die protestantischen Volkskirchen. In der bereitwilligen Übernahme des eher katholischen Subsidiaritätsdenkens durch die

Evangelische Kirche nach 1945 zugunsten eines Ausbaus der Diakonie- und Schulunterrichtskirche ist uns der naturrechtliche Hintergrund dieses Ekklesiologiemodells gar nicht so recht zum Bewußtsein gekommen. Das Elternrecht stellt so etwas dar wie *natura*, die von der *gratia* (der von der Katholischen Amtskirche verwalteten Gnade) "perfektioniert" wird. Es handelt sich bei diesem Elternrecht aber nur bedingt um eine "religiöse Autonomie" der Eltern. Im Luthertum indes hätte es schon eher diese Denkmöglichkeit gegeben, den Eltern eine "gottunmittelbare Amtsfunktion" zuzuerkennen. Der Hausvater als Hauspriester, die Eltern und Paten als Gottes Amtsträger.

Die Vorstellung von einer Schöpfungs- und Erhaltungsordnung Gottes, von einem *usus primus legis*, von einem Stand oder Mandat (BONHOEFFER), von einem Regiment zur Linken, alle diese Denkfiguren haben es möglich gemacht, die vor- und nonverbale Lebensbeziehung, die kreatürlich elementare Ordnung zwischen Eltern und Kindern sowie zwischen den Geschwistern, die Abhängigkeit wie die Verantwortung für die Abhängigen jeweils als gottunmittelbar zu deuten und anzuerkennen.

Der Glaubensbegriff der Reformation, wonach sich der Glaube als weltliche Existenz entfaltet, mußte zwangsläufig zu einer Aufwertung des natürlich Gegebenen, des Vorgegebenen führen, ohne daß es einer sakramental-rituellen Ergänzung durch die Amtskirche bedurft hätte. Statt Fatum, statt blindem Schicksal: Dank für Gottes individuelle und kollektive Schöpfungswerke. Gut evangelisch, gut protestantisch ist also gar nicht eine Erziehungspolitik, wonach der Kirche als Institution die Kompetenz zugehört, über die Erziehung in Sachen Religion allein zu entscheiden, legitimiert durch eine Weihehierarchie. Nein, die Quelle der Erziehungsverantwortung ist *im Amt der Elternschaft* selbst bereits gegeben und muß dezentral, vor Ort gesucht werden.

Die Vernachlässigung einer Theologie der Natur (nicht einer natürlichen Theologie!) im neueren Protestantismus hat zur unkontrollierten Inflation des institutionellen Engagements der Kirchen geführt. Nur wenn gleichzeitig ein Gegenstrom dazu geflossen wäre, hin zu den betroffenen Eltern und Paten, Großeltern und Erziehungsgruppen, so daß diese gestärkt worden wären in ihrem und für ihren Auftrag religiöser Erziehung, nur dann hätte protestantische Erziehungstheologie und -kultur ihr spezifisches Profil bewahren können.

Als besonders problematisch empfinde ich es, wenn kirchlicherseits versucht wird, die Defizite der religiösen Sozialisation auszugleichen, indem die *Gemeinde zur Ersatzfamilie* stilisiert wird. Manches Pathos in den Gemeindeaufbautheologien rührt von dieser Option her.

Die stärkere Betonung einer Gemeindeekklesiologie in der reformierten Tradition und deren enormer Einfluß in der deutschen Theologie (nicht zuletzt über die Barmer Theologische Erklärung!) in der Nachkriegszeit könnte zu diesen Asymmetrien geführt haben.

Fazit

Eltern- und Patenschaft, Vater- und Muttersein als "geistliches Amt" wiederzuentdecken und damit zugleich der vorsprachlichen und bleibend nonverbalen Familienkommunikation als schöpfungsmäßige Gegebenheit wieder eine religiöse Dignität zu verleihen, das ist die dogmatische Aufgabe, der sich die Theologie zu stellen hat.

Im Blick auf die Institution Kirche werden die *Kasualhandlungen* theologisch neu gewichtet werden müssen. Es handelt sich dort nämlich um religiöse Vollzüge, bei denen der Kasus (das menschliche Schicksal) eben nicht nur Anlaß für die Predigt, für diakonische Hilfsangebote, für seelsorgerliche Betreuung ist, sondern der Kasus selbst, als solcher, muß wieder als theologisch relevant gedeutet, *mithin religiös requalifiziert* werden. Genau darum muß es in einer Theologie der Natur gehen.[1]

---

1 *Hinweise zur Literatur*: Großer Katechismus LUTHERS, zum 4. Gebot und die sich daran anschließende Diskussion; Frieden in der Schöpfung, Das Naturverständnis protestantischer Theologie, G. RAU u. a. (Hg.), Gütersloh 1987; Arbeiten zur Familientherapie (B. HELLINGER, STIERLIN u. a.); G. BOHNE, Aufgabe und Weg der Erziehung, II, 137ff., Hamburg 1960; Schöpfungstheologie nach J. MOLTMANN und M. WELKER.

Erzieherische Kompetenz in der Familie aus dem Blickwinkel einer Beratungsstelle

Gernot Czell

„Erzieherische Kompetenz in der Familie“ – das klingt für mich zunächst nach durchaus vorhandenen Gaben, nach vorhandenen Pfunden in Familien. Zugleich aber erlebe ich bei denen, die in unserer Beratungsstelle Rat suchen, viel Verunsicherung bei einzelnen, bei Paaren und Familien. Die Ratsuchenden sind verunsichert in bezug auf Werte, Normen, in bezug auf Verhaltensweisen von sich und von anderen.

Die Ratsuchenden spüren den Druck, sich angesichts einer Vielfalt von Möglichkeiten jeweils selbst entscheiden zu sollen. Und dies wiederum schlägt sich oft nieder als „psychische Erkrankung“: als Gespaltensein, als Niedergedrücktsein, als Verwirrtsein. Und solch „psychische Störung“ wird wiederum als persönliches Versagen, als „Mangel an Kompetenz“ erlebt. Diesen Mangel zu beheben, wird die Beratungsstelle angesteuert.

Beispiele

Beispiele von erzieherischer Kompetenz in Familien

Ein Grundsatz unserer Arbeit ist nun, daß jede und jeder, die/der zu uns in die Beratungsstelle kommt, nicht nur Schwächen, sondern auch Stärken hat. *Sie* gilt es zu erinnern. *Sie* gilt es auszubauen.

- So erinnere ich mich an die vier Erwachsenen, die sich eines Tages anmeldeten. Zwei Paare, das ältere Paar aus Duisburg, das jüngere, zwei Studierende, aus Heidelberg. Die Mutter des jungen Mannes, 65 Jahre, der Vater bereits 73. Ihr einziger Sohn 22 Jahre. Er hatte eine 25jährige Kommilitonin geheiratet – ohne Wissen seiner Eltern, ohne sie zu informieren, gar einzuladen. Die erste Sitzung war für alle Beteiligten eine Tortur. Es wurde viel an Vorwürfen und Anklagen abgeladen, Enttäuschungen und Kränkungen wurden geäußert. Als hätten sich alle voneinander abgekapselt, so saßen sie da - bis der alte Vater leise fragte, „Wie kann es weitergehen?"

In der zweiten Stunde saß er vor seinem Sohn, stellte sich seinen Fragen, hörte geduldig zu, wiederholte wie dieser im kontrollierten Dialog, was er vernommen hatte - und erkämpfte sich das Vertrauen des Sohnes zurück. Beharren im Gespräch, *kommunikative Kompetenz*, sie wurde wiedergefunden von den beiden - und aufgegriffen von den beiden Frauen. Ab der vierten Beratungsstunde brauchten sie keine professionelle Begleitung mehr.

- Ich erinnere mich an eine andere Familie: 44 Jahre alt der Vater, 42 Jahre die Mutter, der Sohn 20, die Tochter 14. Der Vater war zuerst allein zu uns gekommen. Der Sohn hatte im Streit die Wohnzimmertür zertrümmert. In seiner Verzweiflung hatte der Vater die Polizei gerufen. Nichts schien mehr zu gehen zwischen den vier Menschen. Nun saßen sie zu viert da, schwiegen sich an. Die Kollegin holte die Spielkiste mit großen Bauklötzen aus Holz, bat, damit die Familie zu stellen, die Beziehungen untereinander darzustellen mit den Klötzen. Die vier begannen nach kurzem Zögern. - Die Eltern achteten ängstlich aufeinander, legten je vier Klötze ganz nahe beieinander, ließen keine Luft dazwischen. Die Tochter stellte zwei Klötze ganz nahe beieinander (die Eltern), stellte sich etwas weiter (1 cm Abstand) und einen Tick dahinter den Bruder. Und der wiederum stellte die Eltern verkantet zueinander, stellte die etwas kränkliche Schwester mittig zu Vater und Mutter - und sich selbst in 3 cm Abstand dahinter. - Dieser Beginn brach die Verkrustung in der Familie. Dank der *nonverbalen Kompetenz* der Kinder, vor allem des 20jährigen, kamen die vier wieder ins Gespräch, klärten ihre persönlichen Ziele und ihre Erwartungen aneinander.

- Schließlich die Familie P. Die Frau, 48 Jahre alt, in zweiter Ehe seit 14 Jahren verheiratet mit einem drei Jahre jüngeren Mann. Im Moment kriselt es zwischen den beiden. Er fühlt sich von ihr unterdrückt, sie sich von ihm alleingelassen. Fünf Kinder haben sie, drei gemeinsame, zwei aus der ersten Ehe der Frau. Der letzte große Streit resultiert daraus, daß der Mann an einem Nachmittag in Abwesenheit der Frau in den Keller gezogen ist, sich dort ein Zimmer eingerichtet hat.

Ist solch eine Aktion in diesem Familienverbund möglich? - Ich frage das Ehepaar, ob sie sich eine Familienkonferenz hierzu daheim mit allen Familienmitgliedern vorstellen können. Beide zweifeln, wollen es aber versuchen. Beim nächsten Termin erzählen sie erleichtert, die Familienkonferenz hat stattgefunden, das Ergebnis können alle sieben Familienmitglieder tragen. „Und wer hat moderiert“, frage ich. Die Antwort: „Der älteste Sohn“, ein 21jähriger Zivildienstleistender! Sein Vermittlungsgeschick, seine Kompetenz zur Mediation bringt und hält dieses Streitpaar und ihre Familie im Gespräch!

Kommunikative Kompetenz, nonverbale Kompetenz, *Vermittlungskompetenz*: Ressourcen, Stärken in Familien, die diese weiterbringen auf ihrem Weg. Eingebracht von Eltern *und* von Kindern! – Voneinander lernen ist dabei offensichtlich möglich für Erwachsene und für Kinder. Sich Einlassen aufeinander wird so möglich ebenso wie das Entwickeln von Strategien zur Bewältigung des Andersseins, der Verschiedenheit der anderen Familienmitglieder.

Beispiele für Mangel an erzieherischer Kompetenz in Familien

- Am offensichtlichsten war dies für mich in den letzten Wochen bei einem jungen Paar. Sie: 30 Jahre alt, er ein Jahr älter. Zwei Kinder haben die beiden. Das Mädchen viereinhalb, der Junge zwei. Die Kinder sind seit Februar in einem Heim untergebracht auf dringenden Antrag des Jugendamtes. Der Vater ist angeklagt wegen des Verdachtes auf sexuellen Mißbrauch, die Mutter auf Beihilfe dazu. Sie hat ihren Mann fotografiert, sitzend in der Badewanne, die damals Dreijährige ebenfalls nackend über seinem erigierten „Dödel“, wie sie sagt. Die gleiche Szene taucht auf einem beschlagnahmten Videoband auf – mit der damals einjährigen, und die junge Mutter ist deutlich zu hören: „Nun schlag doch mit dem Fuß dagegen, nun schlag doch schon!“, lachend. – Da sitzen zwei, die in ihrer eigenen Sexualentwicklung noch wie Kinder sind, sie tun sich schwer in der Sexualität miteinander, gewinnen Spaß und Lust an diesen Szenen mit ihren Kindern – und mißbrauchen sie dabei. Mangel an eigener Reife, Mangel an Erziehungskompetenz.
- Da ist das Ehepaar K. Sie 31 Jahre alt, er 32 Jahre. Sie haben eine viereinhalbjährige Tochter, einen Sohn von sieben Jahren. Wegen ihm war sie schon in der Erziehungsberatung (Bettnässen und Aggressivität nennt sie als Symptome). Wegen dem Jungen und seiner Erziehung streitet sich das Ehepaar permanent. „Wir sind zu verschieden!“, sagt

sie enttäuscht. Was Wunder! Sie kommen natürlich aus völlig verschiedenen Elternhäusern, sind ziemlich verschieden aufgewachsen. Sie gemeinsam mit ihrem zwei Jahre älteren Bruder. Er als jüngster von sechs Geschwistern, darunter vier Brüder. „Da ging's manchmal herb zu“, sagt er und meint damit sowohl die Raufereien der Geschwister untereinander wie auch das beinharte Eingreifen des Vaters, das resolute der Mutter. Letzte Woche ist alles kulminiert: Zunächst kam die Nachricht vom Schulbusfahrer: „Wenn der Junge sich weiterhin im Bus kloppt, wird er nicht mehr mitgenommen.“ Dann der Schulrektor: Der Junge habe gemeinsam mit anderen die Stoßstange eines Autos mit den Füßen traktiert. Es war ausgerechnet auch noch das Auto des Schulleiters! - Inkompetenz der Eltern? Sie fühlen sich hilflos, sie sind verunsichert. „Weshalb kann der Busfahrer das nicht selbst regeln“, meint der Vater. „Und weshalb können die Lehrer das nicht selber klären in der Schule?“ Ich kann da nur zustimmen. - Also eher Mangel an Erziehungskompetenz in der Schule, denn in der Familie!

- Letztlich das Ehepaar S., beide 40. Er ist Selbständiger, Handwerksmeister. Sie hat gerade einen neunmonatigen Kurs des Arbeitsamtes zur Sekretärin abgeschlossen, mit Auszeichnung. Beide sind hoch leistungsmotiviert. Jedoch ausgerechnet im letzten halben Jahr macht die 14jährige Tochter mehr und mehr Schwierigkeiten. Sie will sich nicht konfirmieren lassen - „alles nur Geschwätz, alles unehrlich“, meint sie. Sie zieht sich wie eine junge Frau an, sie schminkt sich, sie raucht, sie ist stundenlang bei ihrem Freund, ja sie bleibt dort sogar über Nacht. (Vor einem Jahr war sie übrigens kurzfristig mit ihrer Mutter bei deren Freund. Der Vater holte nach sechs Wochen beide zurück). Die Eltern stehen fassungslos, ratlos vor den täglichen Herausforderungen. Alles wird zu anstrengend, kostet zuviel Zeit und Kraft. Die Angelegenheit eskaliert. Schläge, Weinen, Weglaufen, Suchen, Versöhnen, Ratlosigkeit. Schließlich geht das Mädchen selbst zum Jugendamt, bittet um Einweisung in ein Heim. Das Jugendamt und die Eltern stimmen zu. Unduldsamkeit, geringe Toleranz, geringe Frustrationstoleranz haben sich erst einmal durchgesetzt ebenso wie die Entscheidung der beiden Erwachsenen, ihre Kräfte vorrangig für ihren jeweiligen Beruf und für sich zu reservieren.

Zwischenüberlegungen

Meine These ist: In dem Großteil unserer Familien lebt Erziehung von dem Phänomen einer gelernten, antrainierten bzw. andressierten Inkompetenz. Dem entspricht die Delegation von Erziehung an die Vielzahl und Vielfalt professioneller Erzieher. (Wir sind eine Gesellschaft, in der zunehmend *be*-plant, *be*-lehrt und *be*-raten wird, so sagt SCHELSKY bereits Anfang der 80er Jahre.) Diese gelernte Inkompetenz entspricht durchaus dem regelmäßigen Szenario in unseren Medien mit Aufmerksamkeit heischenden Schlagzeilen zu Kindheit und Elternschaft. Da ist z. B. die Rede von

- „Monsterkindern", die ihre Eltern terrorisieren,
- von „Kindergartenrambos", die vor allem montags (das Fernsehen am Wochenende ist schuld) ihre Spielkameraden verprügeln,
- von „Nazikids", die ohne wahre Lebensperspektive ihre Lehrer, Altersgenossen und ausländischen Mitbürger terrorisieren.

Zugleich ist zu lesen von

- „Nesthockern", die das „Hotel Mama" nicht verlassen wollen, und von
- „altklugen Elternkindern", die dem einen verbleibenden Elternteil den Partner zu ersetzen haben.

Ähnlich ist von

- völlig überforderten Eltern die Rede, die sich resigniert aus ihrer Erziehungsverantwortung davonstehlen,
- Rabenmüttern, die für ihre Kinder um der eigenen Karriere willen weder Zeit noch Zuwendung zur Verfügung haben,
- Vätern, die vor allem als hilflose Schläger oder gar Kinderschänder in Erscheinung treten.

Versagen allenthalben. Und hierfür werden in der Regel drei Begründungszusammenhänge genannt:

1. Allgemeiner Wertezerfall. Kinder und Jugendliche haben keine *Leit*-Werte mehr. Genußsucht, Rücksichtslosigkeit und Egoismus herrschen vor. Disziplin, Pflichtbewußtsein und Strebsamkeit sind weitgehend verschwunden.

2. Wandel in der Familie, diagnostiziert als Krise und Verfall: Rückgang der Kinderzahl, Zunahme der Einzelkinder. Anstieg der Scheidungen

und der Zahl von Scheidungskindern. Verbreitung von Alleinerziehenden und „Patch-work-Familien". Zunahme nichtehelicher Lebensgemeinschaften und nichtehelicher Geburten. Anstieg der Erwerbstätigkeit von Müttern.

3. Überflutung der Kindheit durch Medien und Konsum.

Ich persönlich glaube nicht, daß diese skizzierten Tendenzen (falls sie überhaupt zutreffen) tatsächlich ausschlaggebend dafür sind, daß die Erziehungsfähigkeit unserer Familien grundlegend gefährdet ist. Gleichwohl ist die allgemeine Skepsis unüberhörbar.

Erwartungen an die Familie als „Erzieherin"

Grundhaltung „Skepsis"

Ein Griff in einschlägige Literatur, insbesondere in die Schriften von Scharfzüngigen verstärkt dies. So beginnt TUCHOLSKY sein kurzes bissiges Essay „Die Familie" (1923) wie folgt:

> „Als Gott am sechsten Schöpfungstag alles ansah, was er gemacht hatte, war zwar alles gut, aber dafür war auch die Familie noch nicht da. Der verfrühte Optimismus rächte sich, und die Sehnsucht des Menschengeschlechtes nach dem Paradiese ist hauptsächlich als der glühende Wunsch aufzufassen, einmal, nur ein einziges Mal ohne Familie dahinleben zu dürfen."

Gleichwohl hofft TUCHOLSKY – kontrafaktisch:

> „Wir Menschen sind doch stets die alten Kinder: ich war es nicht – mein Sohn, der soll es sein.
> Du sollst es sein!
> Und kommst du einst zum Leben:
> Du sollst es sein! Ich hab es nicht gekonnt.
> Gib du, was deiner Mutter Arme geben: Leucht uns voran!
> Du bist so blond." (Auf ein Kind, 1920)

Elternmagazine – Zeitschriften – Serien – Ratgeber

„Ich hab es nicht gekonnt“ ... Diese Resignation TUCHOLSKYs in bezug auf seine väterliche Kompetenz darf nicht bleiben. Dafür sorgt ein differenzierter und gut sortierter Markt an Ratgebern in Zeitschriften und Zeitungen, in Funk und Fernsehen.

Zwei neue Elternmagazine buhlen seit neuestem um die Gunst der Zuschauer. Zum einen die Sendung „Kinderella“, samstags 17 Uhr, sonntags 16 Uhr, im Frauensender tm3, jüngst für den Grimme-Preis nominiert. Und „Kind & Kegel“ im WDR monatlich einmal 19.45 Uhr eine halbe Stunde. Geliefert bekommt man Infos zu Themen, die eine Familie vor allem zur praktischen Lebensbewältigung benötigt: Impfen – ja oder nein, Reisen mit Kleinkindern, richtig Sitzen, Mückenabwehr, Windeltest. Insbesondere junge Eltern sollen angesprochen werden.

Spezialisierte Zeitschriften liegen am Kiosk aus. Sie sollen helfen, bei der Beantwortung der Frage, „wie werde ich ein kompetenter Vater, wie eine kompetente Mutter?“. Da ist etwa das Heft 3/96 von „Familie & Co.“, Axel Springer Verlag AG. Die Themen unter anderem: Wieviel Papa muß sein? Großer Report, wieviel Zeit Väter für ihre Kinder „opfern“. – Wenn Unordnung in Ordnung ist. Das Kinderzimmer. – Eltern. Das Recht auf Zeit zu zweit. – Großeltern. – Und hierbei findet sich z. B. folgende Erkenntnis (S. 86):

> „Großeltern sind großartig, wenn wir sie mit ins Familienleben einbeziehen. Denn sie sind dann oft hilfreiche Vermittler zwischen gestreßten Eltern und aufmüpfigen Kindern.“

Eigentlich eine Selbstverständlichkeit, sollte man meinen! Oder die Serie in der „Westfälischen Rundschau“ unter der Rubrik: „Rat vom Pädagogen“. Der Dortmunder Sprachtherapeut Klaus WIELERT beschäftigt sich in dieser Serie mit Fragen der Erziehung und der Sprachentwicklung bei Kleinkindern. Am 25. März 1996 schreibt er zum Stichwort „Schlampe“: „Grundschüler testen markige Schimpfworte bei Erwachsenen zumeist aus reiner Neugier“. Seine Empfehlung deshalb: „Kindliche Provokationen am besten ignorieren“. Und:

> „Steckt nur Effekthascherei dahinter, dann sollte man am besten gar nicht darauf reagieren. Bleibt die Wirkung nämlich null, wird das Kind nach aller Erfahrung rasch die Lust an solchen Provokationen verlieren.“

Vorsichtshalber setzt er allerdings hinzu: „Das gilt natürlich vor allem in den Familien, in denen Schimpfworte unter der Gürtellinie nicht üblich sind." Na bitte!

Das Szenario des „Defizits" und seine Folgen

Ich hatte es bereits erwähnt: Wir erleben in unseren Beratungsstellen eine erschreckend tiefe Irritation und Ratlosigkeit von Eltern. Nicht zuletzt angesichts einer sie überwältigenden Flut von Informationen über die „richtige Erziehung" gehen die meisten von ihnen eher darin unter, als daß sie sie sinnvoll nutzen können.

So kommt es, daß „Erziehung" so bald wie möglich an Spezialisten delegiert wird. Da sind die Zeugungsspezialisten, die exakt behilflich sind bei der Planung des richtigen Zeitpunkts, nicht unwesentlich im Blick auf das Geschlecht des Erstgeborenen und, falls es dazu kommt, auch der Zweitgeborenen. Die Gynäkologen, immer noch in der Überzahl Männer, sind spezialisiert für alle Fragen im Zusammenhang mit Schwangerschaft. Die Untersuchung des Fruchtwassers ist derzeit längst Routine, gehört unabdingbar dazu. Abweichungen, Behinderungen gilt es, rechtzeitig zu verhindern, gegebenenfalls zu beseitigen. Ab da spätestens ist der Leitgedanke, ist ein wichtiges gesellschaftliches Erziehungsziel plaziert: Was nicht der Norm entspricht, wird zum Problem!

Die Delegation an Spezialisten wird nun zur Regel. Die werdenden Mütter (und mit ihnen natürlich erst recht die Väter) haben ab jetzt verlernt, auf den eigenen Körper zu hören, die eigenen Gefühle, Gedanken, Erfahrungen ernstzunehmen. Logische Folge: Die Erziehung wird von Profis übernommen. Sie wird institutionalisiert und schlägt sich z. B. nieder im Kurs an der nächsten Volkshochschule:

> „Von der Flasche zum Mitessen bei Tisch. Eltern und werdenden Eltern wird der Ernährungsbedarf eines Kleinkindes und der Übergang vom Stillen/ Flasche erläutert." [Übrigens: Eine „Veranstaltung mit Unterstützung des Landwirtschaftsministeriums Baden-Württemberg".]

Vor den Ernährungsspezialisten sind natürlich noch die Geburtsspezialisten zu nennen. Richtiges Atmen, Pressen und Schreien will fachgerecht gelernt sein.

Kommt nach dem Absolvieren dieser Trockenkurse der kleine Mensch nun zur Welt, könnte man meinen, die Eltern könnten sich jetzt darum kümmern. Sie würden sich nun mit dem kleinen Menschlein in einem intimen, familiären Rahmen freuen und sie könnten dem Kind seiner Lage entsprechend ganz viel Nähe, Körperkontakt und Schutzraum bieten. Weit gefehlt. Da sind ja zunächst noch die spezialisierten Säuglingsschwestern. Zwar sind sie in der Regel noch sehr jung, haben keine eigenen Kinder – aber sie wissen umso besser, vor allem professioneller, Bescheid über das richtige Stillen und über den passenden Rhythmus. Was Wunder, daß manche Frauen vor lauter Sorge, ob sie es denn wohl auch wirklich richtig machen, lieber zur Flasche greifen, pardon, zum Fläschchen greifen, zum sicheren Kunstprodukt. Erneut ist Elementares „verschütt" gegangen, sind Kompetenzen erstmal abgegeben worden. Mütter – und Väter – brauchen sich nicht mehr selber den Kopf zu zerbrechen.

Das Essen ist technisch bereits vorgefertigt, es bedarf kaum der eigenen Hände. Das Gleiche gilt für das Produkt „danach": Perfekte Pampers halten alle Beteiligten klinisch rein, bewahren vor direktem, unmittelbarem Kontakt. Die Folge ist dementsprechend eine merkwürdige und folgenschwere Distanz, die sich in allen weiteren Bereichen fortsetzt. Der direkte, körperliche Kontakt z. B. zu anderen Kindern – wo ist er wirklich ohne großen Aufwand möglich, angesichts der vielen Einzelkinder, angesichts der sterilen Spielplätze und Spielstraßen, angesichts der allgegenwärtigen Verbotsschilder? Geradezu sensationell dagegen das Urteil des OLG Düsseldorf vom Winter 1996. In unserer Beratungsstelle nennen wir es das „Urteil des Jahres". Das Oberlandesgericht Düsseldorf kommt zu dem Schluß: Kinder dürfen in verkehrsberuhigten Wohnstraßen den ganzen Tag „geräuschintensiv" spielen. Und es setzt noch einen drauf. Eine „kinderfreundliche Umwelt" liege im „Interesse der Allgemeinheit". „Wer in einem Viertel mit überwiegend jungen Familien baue, habe die Geräusche spielender Kinder zu akzeptieren. Menschen mit einem erhöhten Ruhebedürfnis müssen sich ein anderes Wohnumfeld suchen", so das Gericht (Az.: 9 U 51/95. Westfälische Rundschau Nr. 56, 6.3.1996).

Das Urteil ist ermutigend. Noch allerdings ist es ein einsames Rufen in der Wüste. Die Wirklichkeit sieht überwiegend anders aus. Und die Wirklichkeit unserer Kinder wird mehr und mehr eine künstliche Wirklichkeit, produziert durch Comics und Videoclips, nur noch sehr vermittelt erlebt vor dem Fernsehschirm oder dem PC, eine Wirklichkeit eher für den Kopf als für die fünf Sinne.

Kindergärten und Schulen bilden da oft keine Alternative, oft sind sie eher Beschleuniger und Verstärker einer künstlichen Dressur - ohne Orientierung an den tatsächlichen Bedürfnissen der involvierten Menschen. Und schließlich treffen sich in unseren Beratungsstellen ratlose, zerstrittene Eltern, überforderte Kindergärtnerinnen, gefrustete Lehrer und Lehrerinnen wieder unter einem Dach - bei Spezialisten für das „richtige" Leben!?

„Wenn Dich Dein Kind fragt ..." Fragen von Kindern heute werden eigentlich von der Maus beantwortet, in der „Sendung mit der Maus" (z. B. Warum ist die Sonne rot, wenn sie untergeht?). Kinder heute sind wie ihre Eltern schon so abgefüllt mit Eindrücken, daß sie gar nicht mehr zu Fragen kommen können. Und wenn Kinder tatsächlich noch Fragen stellen würden, was könnten wir ihnen dann antworten? Vermutlich müßten wir uns erst einmal an die richtigen Spezialisten wenden. Und die - fragen dann ihre Supervisoren!

Die evangelische Kirche

Bei all der Skepsis hinsichtlich der erzieherischen Kompetenz in Familien, was sagt denn da die Kirche dazu? Nun zunächst einmal liegen hier ganz hohe Hoffnungen auf der Familie. In der „Orientierungshilfe" des Rates der EKD (s. epd-Dokumentation Nr. 13/96) heißt es, „daß die Fülle der für das menschliche Leben wesentlichen Funktionen so nur in Ehe und Familie möglich ist" (Kap. 6.3). Beschworen wird mehrfach „die Leitbildfunktion von Ehe und Familie" (Kap. 5.2.2). - Immerhin etwas moderater als der lutherische Weltbund, der in seiner Verlautbarung zum internationalen Jahr der Familie von Ehe und Familie als dem „Eckstein" von Kirche und Gesellschaft spricht. In seinem Wort „Ehe und Familie 1994" beschreibt der Rat, was er darunter versteht (S. 7):

> „Die Familie gewährt als eine sensible und verletzliche Gemeinschaft Lebenschancen für die Heranwachsenden, besonders für die Kleinkinder. Hier geht es darum, daß Kinder in einem möglichst stabilen Lebenskreis in Geborgenheit und Vertrauen aufwachsen können. Der Lebensalltag der Familie kennt Konflikte und Belastungen, aber in der Familie wird auch gelernt, Konflikte und Belastungen zu verarbeiten."

Der Rat der EKD hält es für möglich und erwartet es auch, daß in der Familie gelernt wird, „Konflikte und Belastungen zu verarbeiten". Er erhofft sich weiter, daß die Kinder von ihren Eltern als Partner und Vorbilder lernen, „im Zusammenspiel mit anderen in den wechselnden Situationen des Alltags gut miteinander auszukommen, sich zu vertragen und einen guten Weg in das Leben der Gemeinschaft zu finden. Sie sollten aber immer zugleich ein eigens, selbstbewußtes, widerstehendes Ich ausbilden können". Ziel ist es, „daß wir Menschen heranbilden, die gleichermaßen verträglich und hilfsbereit miteinander leben. In der Familie wird das eingeübt" (S. 11). Familie, so schließt dieses Wort des Rates der EKD, sei eine „Schule der Mitmenschlichkeit. Sie lehrt uns, die eigenen Grenzen und Schwächen und die der anderen zu ertragen und denen, die uns brauchen, besonders den Älteren, beizustehen" (S. 12).

Verträglich, konfliktfähig und belastbar, hilfsbereit, fähig, die eigenen Grenzen und Schwächen und die der anderen zu ertragen, solidarisch insbesondere gegenüber den Älteren, so die Erziehungsziele, die im Wort des Rates der EKD mittransportiert werden. Erzieherische Kompetenz in unseren Familien müßte sich daran messen lassen!

Die Familie in den Augen des Gesetzgebers

Immerhin, der Rat wagt hier klare Zielsetzungen für Erziehung in Familien! Die Väter des Grundgesetzes haben dies noch nicht ausdrücklich getan. Allerdings unterstellen sie – im Gegensatz offensichtlich zur landläufigen Meinung – die prinzipielle Erziehungsfähigkeit von Eltern: „Pflege und Erziehung der Kinder sind das natürliche Recht der Eltern und die zuvörderst ihnen obliegende Pflicht. Über ihre Betätigung wacht die staatliche Gemeinschaft" (GG Art. 6.2). Klare Inhalte bzw. Ziele für diese Erziehung werden nicht formuliert.

Anders die Verfassung für das Land Nordrhein-Westfalen vom 28. Juni 1950. Art. 5 formuliert: „Ehe und Familie werden als die Grundlagen der menschlichen Gesellschaft anerkannt." Artikel 8 betont aus der Sicht des Kindes dessen Anspruch auf Erziehung: „Jedes Kind hat Anspruch auf Erziehung und Bildung. Das natürliche Recht der Eltern, die Erziehung und Bildung ihrer Kinder zu bestimmen, bildet die Grundlage des Erziehungs- und Schulwesens" (Art. 8,1). In Artikel 7 allerdings werden ausdrückliche Erziehungsziele genannt:

> „(1) Ehrfurcht vor Gott, Achtung vor der Würde des Menschen und Bereitschaft zum sozialen Handeln zu wecken, ist vornehmstes Ziel der Erziehung.
> (2) Die Jugend soll erzogen werden im Geiste der Menschlichkeit, der Demokratie und der Freiheit, zur Duldsamkeit und zur Achtung vor der Überzeugung des anderen, zur Verantwortung für die Erhaltung der natürlichen Lebensgrundlagen, in Liebe zu Volk und Heimat, zur Völkergemeinschaft und Friedensgesinnung."

An solche Gedanken knüpft offensichtlich auch das Kinder- und Jugendhilfegesetz (KJHG), das am 1. Januar 1991 in Kraft getreten ist, an. In § 1.2 des KJHG wird Art. 6 GG voll zitiert. Als Zielbestimmung wird bereits mit § 1.1 in KJHG genannt: „Jeder junge Mensch hat ein Recht auf Förderung seiner Entwicklung und auf Erziehung zu einer eigenverantwortlichen und gemeinschaftsfähigen Persönlichkeit." „Jugendhilfe" soll dazu beitragen, dies zu ermöglichen (§ 1.3 KJHG)! Jugendarbeit, Jugendsozialarbeit, erzieherischer Kinder- und Jugendschutz sind hierzu vorbeugende Maßnahmen. Grundsätzlich wird auch hier eine allgemeine Erziehungsfähigkeit den Erziehungsberechtigten unterstellt. „Leistungen der allgemeinen Förderung der Erziehung in der Familie" wie Angebote der Familienbildung, der Beratung bzw. von Familienfreizeiten sollen nur ergänzend dazu „beitragen, daß Mütter, Väter und andere Erziehungsberechtigte ihre Erziehungsverantwortung besser wahrnehmen können" (§ 16.1 KJHG).

Allerdings hat ein „Personensorgeberechtigter ... bei der Erziehung eines Kindes oder eines Jugendlichen Anspruch auf Hilfe (Hilfe zur Erziehung), wenn eine dem Wohl des Kindes oder des Jugendlichen entsprechende Erziehung nicht gewährleistet ist und die Hilfe für seine Entwicklung geeignet und notwendig ist" (§ 27.1 KJHG). Die Definition der „Geeignetheit der Hilfe" zwingt wiederum zum Feststellen einer Schwäche, die besondere Hilfe notwendig macht. Zugleich dürfen dabei gegebene bzw. entwickelbare Ressourcen und Stärken nicht übersehen werden, Ressourcen, Stärken, Kompetenzen, die unter allen schwierigen Bedingungen letztlich die Voraussetzungen sind, daß Hilfe überhaupt möglich ist.

Von daher bleibt es dabei: Grundsätzlich verfügt Familie über die notwendige Erziehungskompetenz - in den Augen des Gesetzgebers.

Familie und damit verbundene gesellschaftliche Interessen

Die Familie wird hoch geschätzt, sie wird besonders geschützt. Sind es wirklich „nur“ die erhofften Demokratie gründenden und stützenden Erziehungsziele, die durch „Familie“ erreicht werden sollen? Was ist z. B. gemeint mit den Worten des Bundeskanzlers (anläßlich des 40jährigen Bestehens des Familienministeriums am 20.10.1993):

> „Familie ist und bleibt das Fundament unserer Gesellschaft. Als Lebens- und Erziehungsgemeinschaft erbringt die Familie unverzichtbare Leistungen für die Gesellschaft, die andere Institutionen entweder gar nicht oder nur unvollkommen bereitstellen können ...“

Franz Xaver KAUFMANN (1995) hilft uns, die wesentlichen „Leistungen“ von Familien zu würdigen. – Es sind vor allem fünf, die er herausstellt: natürlich die Fortpflanzung; dazu die Versorgung, Haushaltsführung, Gesundheit und Erholung der Familienmitglieder; wesentlich ihre emotionale Stabilisierung; ihre dialogische Sozialbeziehung; die wechselseitige Hilfe und schließlich eben die Pflege und Erziehung der Kinder.

An erster Stelle der Leistungen in der Familie setzt KAUFMANN die emotionale Stabilisierung und den emotionalen Zusammenhang („Kohäsion“) der Familienmitglieder. Erst wenn diese „Soziabilisierung“ (in Anlehnung an CLAESSENS) gelingt, kann ein Kind beginnen, Bestimmtes zu lernen. Zur Erhaltung der Lernbereitschaft ist das Kind weiter auf die emotionale Unterstützung seiner Eltern angewiesen. Und vom Maß der familialen Kohäsion hänge die Verarbeitung von Frustrationen und Enttäuschungen wesentlich ab (S. 41).

Alles, was das „tägliche Brot“ angeht – LUTHER würde sagen „Alles, was zur Leibes Nahrung und Notdurft gehört, wie Essen, Trinken, Kleider, Schuh, ... Friede, Gesundheit ... gute Freunde ...“ (Kl. Katechismus, 4. Bitte) – ist im Prinzip Grundleistung der Familien.

> „Der zeitlich überwiegende Anteil aller Tätigkeiten, die sich im familialen Kontext ereignen, dient der physischen Erhaltung des Individuums: Zubereitung und Aufnahme von Nahrung, Körperpflege, Bekämpfung von Krankheiten, Erholung durch Schlaf und Freizeitaktivitäten.“ (KAUFMANN 1995, S. 54)

Besonders wichtig sei allerdings die „Erziehungsleistung“. KAUFMANN definiert dabei als „Erziehungsaufgabe der Eltern“ die „Unterstützung der Personwerdung oder Identitätsbildung des Kindes durch die Vermittlung werthafter Orientierungen sowie durch Beeinflussung der Rahmenbedingungen des Sozialisationsprozesses“ (S. 49). Spezifische Aufgaben der Familie im Kontext des gesamten Sozialisationsgeschehens sind dabei neben der elterlichen Pflege und Zuwendung in der Kleinstkindphase die Verinnerlichung des „gelebten Beziehungsgeflechtes Kind-Mutter, Kind-Vater, Kind-Kind, Vater-Mutter und Eltern-Geschwister in das Individuum“ (S. 50), insbesondere des Vertrauens in sich selbst und in andere. Geprägt werde aber auch die spezifische Moralität der Menschen in ihren Familien, also z. B. „Die Einstellung zu den Mitmenschen, das Verhältnis von Ich-Bezogenheit und Solidaritätsbereitschaft; Gewissenhaftigkeit als Fähigkeit, sich zu verpflichten und Selbstverpflichtungen einzuhalten“ (S. 51). Auch die Lern- und Leistungsbereitschaft im Rahmen der schulischen Bildungsprozesse sei in erheblichem Maße von Art und Ausmaß elterlicher Zuwendung und Unterstützung abhängig, ja die gesamte Identitäts- und Selbstbildentwicklung.

Das ist eine ganze Menge. Und so müßte eigentlich der früheren Bundesministerin für Familie und Senioren, Hannelore RÖNSCH, zugestimmt werden:

> „Familien sind unersetzbare Träger zwischenmenschlicher Kultur in jeder Gesellschaft. Familie ist der Ort, an dem Kultur erfahrbar gemacht wird. Hier werden die natürlichen Grundlagen für die Entwicklung der Persönlichkeit gelegt. Hier werden Werte wie Liebe, Vertrauen, Verantwortung und Toleranz erlernt und erlebt. Hier wird Wissen vermittelt, hier wird der geistige Horizont abgesteckt. Das ist nicht nur in unserem Land so, das gilt für alle Gesellschaften in dieser Welt.“ (vgl. LÜSCHER, S. 24)

Allerdings verschweigt auch KAUFMANN seine Skepsis nicht angesichts dieser vollmundigen „Familienrhetorik“ (LÜSCHER) und schränkt ein:

> „Weitgehend unbekannt ist, inwieweit die hier hervorgehobenen Erziehungsleistungen in Familien heute tatsächlich erbracht werden. Dies liegt sowohl an grundsätzlichen Meßproblemen als auch am sehr persönlichen und damit besonders durch Privatheit geschützten Charakter dieser familialen Vorgänge.“ (KAUFMANN 1995, S. 54)

Dennoch arbeitet KAUFMANN hervor, weshalb wohl das Interesse an der besonderen Leistungsfähigkeit von Familien so massiv ist. Da ist das Moment der wechselseitigen Hilfe – bei den jungen Familien wie bei den alleinstehenden, pflegebedürftigen alten Menschen. Alle diesbezüglichen soziologischen Erhebungen belegen: „Es ist im wesentlichen der kernfamiliale

Verband, welcher die Solidarität stiftet (KAUFMANN 1995, S. 61)." Von daher ist das öffentliche Interesse an den Familien, ihrer Leistungsfähigkeit, ihrer (erzieherischen) Kompetenzen durchaus verständlich. KAUFMANN ergänzt dies durch die beiden weiteren Kompetenz bzw. Leistungen der Familie, nämlich ihrer Kompetenz zur Nachwuchssicherung sowie zur Pflege des Humanvermögens. Die Begründung ist ganz einfach:

> „Wirtschaftsunternehmen [sind] ebenso auf Nachwuchs angewiesen wie Gewerkschaften, politische Parteien, Hochschulen oder Kirchen. Eine elementare Voraussetzung hierfür ist es natürlich, daß Personen in einem hierfür geeigneten Alter und mit den notwendigen Voraussetzungen in genügender Zahl überhaupt vorhanden sind." (ebd., S. 66)

Allerdings geht es KAUFMANN hierbei sowohl um quantitative wie qualitative Gesichtspunkte der Nachwuchspflege. Für ihn ist klar, „daß es gerade die Verknüpfung von Fortpflanzung, Zuwendung, Pflege und Erziehung ist, was die spezifische Leistungsfähigkeit der Familie ausmacht (ebd. S. 72). Mit diesen Gedanken schließt sich KAUFMANN dem deutschen Nationalökonomen Friedrich LIST (1789-1846) an und zitiert diesen zustimmend:

> „Der größte Teil der Konsumtion einer Nation geht auf die Erziehung der künftigen Generation, auf die Pflege der künftigen Nationalproduktivkraft" (ebd., S. 73).

Es geht also bei der Unterstützung der Familien um die Sicherung von „Humanvermögen" und von „Humankapital" für die Gesellschaft. Humanvermögen meint dabei die „an die Person gebundenen Ressourcen, also Gesundheit, Wissen, Motive und Kompetenzen, von deren Nutzung sowohl die individuelle wie die kollektive Wohlfahrt abhängt" (ebd.). Als Humankapital gilt „die erreichte Schulbildung, aber auch die Akkumulation von Berufserfahrung, also Qualifikationen und Kompetenzen, die den Marktwert einer Arbeitskraft bestimmen" (ebd.).

Zwar ist der volkswirtschaftliche Beitrag der Familien zur Humankapitalbildung und zur Entfaltung von Humanvermögen nur schwer zu schätzen, gar zu ermitteln. Gleichwohl beziffert der 5. Familienbericht der Bundesregierung von 1994 den Aufwand, den ein Ehepaar für das Aufziehen von zwei Kindern bis zur Vollendung ihres 18. Lebensjahres erbringt, im Durchschnitt auf 790.000 DM.

> „Hochgerechnet auf die Gesamtheit der Erwerbsbevölkerung der alten Bundesrepublik ergibt das einen Beitrag der Familien zum Bestand des Humankapitals im Jahre 1990 in Höhe von 15,3 Billionen DM."

Das ist mehr als das Doppelte des Wertes des wirtschaftlichen Sachvermögens im Jahre 1990, das zu Wiederbeschaffungspreisen auf 6,9 Billionen DM geschätzt wird (ebd., S. 75).

Unentbehrlich ist in diesem Zusammenhang insbesondere die Familie für die Stabilisierung der Solidarität zwischen den Generationen und – zur Begrenzung der damit verbundenen Kosten! Ohne ein Weiterbestehen des kollektiven Generationenzusammenhangs würde unser Sozialversicherungssystem vermutlich zusammenbrechen (ebd., S. 76ff.). – Und nicht zuletzt diese Sorge lenkt wohl immer wieder das allgemeine Interesse auf die erzieherische Kompetenz in der Familie!

Aus der Sicht eines Familienberaters möchte ich in den folgenden Kapiteln noch auf zweierlei hinweisen: Auf den Charakter der Familie als sich permanent veränderndes sensibles Lernsystem und auf einige ihrer besonderen Gefährdungen.

Familie als Lernsystem

Was der Vorsokratiker HERAKLIT für das Sein, für das Leben an sich formuliert hat, das gilt insbesondere für die Familie. Von Anfang an ist sie in Bewegung und Veränderung, ein permanent lernendes System.

Paararbeit als Kunst

Wenn zwei Menschen sich finden, so stehen sie am Anfang eines, wenn es denn glückt, lebenslangen Prozesses intensiver Beziehungs- und so auch wechselseitiger Erziehungsarbeit. Es ist in der Tat eine „Kunst als Paar zu leben"! (JELLOUSCHEK 1992) Es gehört Können dazu, insofern (voneinander) Lernen. Es ist wie in der Erziehung, „Es braucht die tägliche Anstrengung, und es braucht die Leuchtkraft der Vision" (ebd., S. 29). An schlechten Gewohnheiten kann auch die tiefste Liebe zugrunde gehen. Sie kann wachsen durch die Arbeit an besseren Beziehungsgewohnheiten:

> „Schon die Tatsache, daß einer sich abgewöhnt, vom Tisch einfach aufzustehen und alles liegen und stehen zu lassen, und sich angewöhnt, regelmäßig den Tisch mit abzuräumen, kann zu großen Stimmungsumschwüngen im Zusammenleben führen." (ebd., S. 30)

Im übrigen hat jedes Paar mit mindestens zwei Problemen fertig zu werden: mit dem Regulieren von Nähe und Distanz und mit dem Streben nach Herrschaft und Macht in der Beziehung (gegen Tendenzen der Verschmelzung und gegen totale Besitzansprüche). Wenn hier keine klare Verständigung erzielt wird, wird die Beziehung unweigerlich zerbrechen.

Überhaupt ist die Kommunikation, der wechselseitige Austausch in einer gelingenden Partnerschaft unabdingbar. Nur so können die unterschiedlichen „Kulturen", aus denen die Einzelnen kommen, miteinander „ins Gespräch" gebracht und miteinander versöhnt werden.

Untersuchungen belegen, daß der regelmäßige und zufriedenstellende Austausch untereinander von ganz hoher Bedeutung für das Zusammenbleiben von Paaren ist - unabhängig von der Dauer ihrer Beziehung. „Wenn das gemeinsame Gespräch vorhanden ist, sorgt das entscheidend für den Zusammenhalt" (RIEH-ENDE u. a. 1994).

Kinder als Motoren von Veränderung

In der Regel gibt das erste Kind, sobald es unterwegs ist, erst recht, wenn es da ist, seinen Eltern Anlaß, neue Kompetenzen zu entwickeln, z. B. hinsichtlich der angemessenen Versorgung des Kleinen. Entdeckt werden zugleich spätestens jetzt eventuell gravierende unterschiedliche Familien-, Lebens- und Erziehungskonzepte der jungen Eltern. Es gilt, sie möglichst ohne Vorwürfe zu entdecken und zu bearbeiten.

> „Strukturell ist die wichtigste Auswirkung des Kindes auf die Partnerschaft zunächst die Umstrukturierung von der Zweier- zur Dreiergemeinschaft. Diese Umstellung macht Männern oft größere Mühe als Frauen. Sie fühlen sich nicht mehr im Zentrum des Interesses ihrer Frau, sondern müssen die Liebe der Frau mit dem Kind teilen. Diese Umstellung fordert den Partnern Reife ab, sich als Person zurückzunehmen und dem neuen Leben Platz zu geben." (WILLI 1991)

Die Umstellung von der Zweier- zur Dreiergemeinschaft, vom Paar zur Familie muß bewältigt werden. Dazu verändert die Geburt eines Kindes auch die Beziehung der beiden Partner zu ihren Herkunftsfamilien, läßt sie endlich diesen gegenüber „erwachsen" und „selbständig" werden. Es verändert sich durch Kinder die soziale Vernetzung in der Gemeinde bzw. im Stadtquartier: Kinder veranlassen ihre Eltern gegebenenfalls zu (stärkerem) politischem Engagement; sie erweitern die Selbstwahrnehmung der Eltern um die geschichtliche Dimension, lassen die eigene Kindheit (und damit gewordene Muster) erneut nacherleben - und erweitern so das Verständnis für sich selbst (ebd., S. 88ff.).

Kinder sind dabei selbst von früh an, bereits im Mutterleib, hoch sensibel für das, was um sie herum geschieht - mit allen Sinnen, vgl. z. B. die hochinteressanten neuesten Forschungsergebnisse, die Martin DORNES zusammenträgt (1993). Kinder sind demzufolge wesentliche Motoren der Veränderung in den Familien, sie sind kompetente Agenten der Erziehung. Einen beeindruckenden Hinweis hierfür liefert uns das Märchen aus der Sammlung der Brüder GRIMM „Der alte Großvater und der Enkel":

> „Es war einmal ein steinalter Mann, dem waren die Augen trüb geworden, die Ohren taub, und die Knie zitterten ihm. Wenn er nun bei Tische saß und den Löffel kaum halten konnte, schüttete er Suppe auf das Tischtuch, und es floß ihm auch etwas wieder aus dem Mund. Sein Sohn und dessen Frau ekelten sich davor, und deswegen mußte sich der alte Großvater endlich hinter den Ofen in die Ecke setzen, und sie gaben ihm sein Essen in ein irdenes Schüsselchen und noch dazu nicht einmal satt; da sah er betrübt nach dem Tisch, und die Augen wurden ihm naß. Einmal auch konnten seine zitterigen Hände das Schüsselchen nicht festhalten, es fiel zur Erde und zerbrach. Die junge Frau schalt, er sagte aber nichts und seufzte nur. Da kaufte sie ihm ein hölzernes Schüsselchen für ein paar Heller, daraus mußte er nun essen. Wie sie da so sitzen, so trägt der kleine Enkel von vier Jahren auf der Erde kleine Brettchen zusammen. 'Was machst du da?' fragte der Vater. 'Ich mache ein Tröglein', antwortete das Kind, 'damit sollen Vater und Mutter essen, wenn ich groß bin.' Da sahen sich Mann und Frau eine Weile an, fingen endlich an zu weinen, holten alsofort den alten Großvater an den Tisch und ließen ihn von nun an immer mitessen, sagten auch nichts, wenn er ein wenig verschüttete" (S. 403f.).

Erziehung als dialogisches Geschehen

Erziehung ist keine Einbahnstraße, vollzieht sich nicht wie der Nürnberger Trichter, ist kein einseitiger Prägevorgang. Vielmehr ist Erziehung zumindest in der Familie ein wechselseitiges Geschehen zwischen allen Beteiligten. Erziehung vollzieht sich wie Begegnung als dialogisches Geschehen. „Es ist einer jeden Begegnung eigentümlich, daß in ihr beide Teile über sich hinauswachsen", schreibt Manfred HAUSMANN (1973), und er setzt fort:

> „In der Begegnung, durch die Begegnung erleben beide, daß ihnen etwas geschenkt, daß ihrem Wesen etwas hinzugefügt wird, daß sie mit etwas begnadet werden.“ (s. a. BUBER 1962)

Eltern und Kinder erziehen sich, ob sie wollen oder nicht, wechselseitig. Sie beeinflussen einander nachhaltig. Manchmal bewußt, oft genug unbewußt. Greifbar ist die Bedeutung der Kinder als Erzieher im traditionellen Sinne, als Einübende und Vormacher etwa im Bereich der häuslichen Technik und Elektronik. In welcher Familie sind nicht die Kinder die Experten im Umgang mit dem Videorecorder, insbesondere mit den Finessen des Programmierens? Mit ebensolcher Selbstverständlichkeit stellen die Kinder in den Familien die digitalen Uhren und die Haushaltsgeräte ein vor der Erstbenutzung, oft ohne auch nur einen Blick in die Bedienungsanleitung zu werfen.

Die erzieherische Kompetenz von Kindern in den Familien und ihren hohen Einfluß auf ihre Eltern haben nicht zuletzt auch die Marktstrategen entdeckt. Denn Kinder haben zum einen eine beträchtliche eigene ökonomische Potenz, zum anderen beeinflussen sie die Kaufentscheidungen ihrer Eltern in erheblichem Maße. Ihre geschätzte Kaufkraft allein in Deutschland: jährlich bis zu 40 Milliarden DM!

> „Kindern zwischen sechs und 15 Jahren stehen in Deutschland pro Jahr 15 Milliarden DM zur Verfügung. Sie werden deshalb von der Werbebranche heiß umworben. Weil die Kinder auch auf Kaufentscheidungen der Eltern Einfluß hätten, liege ihre tatsächliche Kaufkraft bei 40 Milliarden DM im Jahr, sagte ein Pädagoge der Uni Hamburg bei der Tagung 'Konsumverhalten von Kindern und Jugendlichen' in Erfurt. Eine der erfolgreichsten Strategien sei das 'Merchandising' hieß es. Beliebte Filmfiguren wie Pinocchio oder Heidi werden auf Produkte aller Art geklebt, um die Aufmerksamkeit der Kinder anzulokken.“ (Westfälische Rundschau, 3.4.1996)

Neil POSTMAN behauptet allerdings, daß die Zurichtung von Kindern zu Wirtschaftskonsumenten bereits erheblich früher beginnt – mit drei Jahren. Dies sei das Alter, in dem Kinder anfangen, um Dinge zu quengeln, die sie auf dem Fernsehschirm sehen, und die Lieder und Melodienfetzen zu singen, die die Werbung begleiten.

> „Zwischen drei und achtzehn Jahren sieht das durchschnittliche amerikanische Kind 500.000 Werbespots, was bedeutet, daß die Fernsehwerbung die quantitativ bei weitem bedeutendste Quelle von Werten ist, der die Kinder und Jugendlichen ausgesetzt sind.“ (POSTMAN 1995)

Gefahren für die erzieherischen Kompetenzen in den Familien

Ideologische und andere Überfrachtungen

Ohne Zweifel liegt eine der Hauptgefahren in den ideologischen Überhöhungen, die von manch kirchlicher und politischer Seite in bezug auf die Leistungskraft von Familie formuliert werden. „Leitbild" (Rat der EKD 1994), „Eckstein" (Lutherischer Weltbund 1994), „unersetzbarer Träger zwischenmenschlicher Kultur" (RÖNSCH 1994) sind solche *Prokrustesbetten*. Nicht weniger belastend ist die Erwartung, daß es vor allem die Familie sein soll, die gesellschaftliche Prozesse auffangen bzw. abfedern soll. So wird als „Wende-Streß" definiert die Betonung von Familie „als Ort, an dem der enorme Druck und Streß kompensiert werden soll, der infolge des gesellschaftlichen Transformationsprozesses seit 1989 auf den einzelnen, insbesondere im Osten Deutschlands lastet".

Für deren Mehrzahl halte die besondere Belastung an, die sich vor allem aus der Rückverlagerung der Erziehungsverantwortung für Kinder und Jugendliche (Früherziehung, Schule, Berufswahl) in die Familien ergebe: „So muß festgestellt werden, daß hier die Familie als zentraler Ort der Konfliktbewältigung tendenziell überfordert ist." (ebd.)

„Strukturelle Rücksichtslosigkeit" und ökonomische Belastungen

Kinder scheinen gegenwärtig in Deutschland für ihre Eltern bestenfalls immateriellen Nutzen, „aber erhebliche ökonomische Nachteile" mit sich zu bringen. Beklagt wird so zurecht eine „strukturelle Rücksichtslosigkeit". Gemeint ist damit z. B. die Zurichtung bzw. Nachordnung kindlicher (und elterlicher) Bedürfnisse passend zum Arbeitsmarkt und die geringen Möglichkeiten der Vereinbarkeit von Familie und Beruf - und dazu noch die geringe gesellschaftliche Anerkennung hierfür.

> „Die Zukunft der Familie wird sich daran entscheiden, inwieweit es gelingt, die kulturellen Motive und ökonomischen Bedingungen für eine verbreitete Stabilisierung dauerhafter Partnerschaftsbeziehungen auf der Basis einer Gleichberechtigung der Geschlechter zu schaffen und die Folgen der Übernahme von Elternverantwortung durch entsprechende arbeitsmarkt- und sozialpolitische Maßnahmen günstiger zu gestalten." (KAUFMANN 1995)

Dementsprechend fordern etwa die Evangelischen Familienverbände eine veränderte Familienpolitik. Sie halten eine grundsätzliche Rechtsreform für notwendig, z. B. Kindschaftsrecht und Wechselwirkung von Unterhaltsrecht und Sozialrecht. Sie fordern eine familiengerechte Wohnungspolitik, insbesondere aber Maßnahmen, durch die das Erwerbsleben familiengerecht gestaltet werden kann:

> „Hierzu gehören eine familiengerechte Gestaltung der Arbeitswelt, Verkürzung der Tagesarbeitszeit und größere Arbeitszeitautonomie, Angebote von Teilzeitarbeit mit gleichzeitiger Verminderung der damit verbundenen Nachteile." (EAF 1995)

Kulturelle Fallen

Gravierende Gefahren sehe ich schließlich in einem weiteren Bündel von kulturellen Faktoren, deren Wirkung eher unterschwellig, schleichend ist, z. B.:

- Die *Verdichtung der Zeit,* generell der Kinder- und Erwachsenenzeit, ohne institutionalisierte und allgemein respektierte Mußezeiten. Permanenter Termin- und Leistungsdruck sind die Folge.
- Die *Pädagogisierung der Kindheit,* d. h. Kinder verbringen immer mehr Zeit mit Pädagogen, die Wissen, spezielle Fähigkeiten und Fertigkeiten vermitteln wollen und sollen.
- Die *Institutionalisierung der Kindheit,* d. h. Kinder verbringen immer mehr Zeit in Institutionen und immer weniger Zeit bleibt zur kindgesteuerten Aneignung der Umwelt.
- Die *Verhäuslichung der Kindheit,* d. h. Kinder verbringen sehr viel Zeit zu Hause, in der Regel ohne weitere personelle Bezüge, vielmehr verwiesen auf technische Kindermädchen, z. B. High-Tech-Spielzeug à la *game-boy* bzw. Fernsehen, walkman (vgl. SCHNEIDER 1996).

Inwieweit die durchaus vorhandenen erzieherischen Kompetenzen in den Familien verstärkt bzw. geschwächt und eingeschränkt werden, wird sich an unserem künftigen Umgang mit diesen Gefahrenpotentialen entscheiden.

Literatur:

BUBER, M. (1962): Das dialogische Prinzip, Heidelberg.

DORNES, M. (1993): Der kompetente Säugling. Die präverbale Entwicklung des Menschen, Fischer TB-Verlag, Frankfurt/M.

[GRIMM] (1949, 1993): Kinder- und Hausmärchen gesammelt durch die Brüder Grimm, Sonderausgabe, Winkler Verlag, München.

EAF – Familienpolitische Informationen Nr. 5, September/Oktober 1995, darin: Zur wirtschaftlichen und sozialen Lage in Deutschland. Stellungnahme der EAF.

HAUSMANN, M. (1973): Kleine Begegnungen mit großen Leuten, Neukirchener Verlag.

JELLOUSCHEK, H. (^{2}1992): Die Kunst als Paar zu leben, Kreuz-Verlag, Stuttgart.

KAUFMANN, F. X. (1995): Zukunft der Familie im vereinten Deutschland. Gesellschaftliche und politische Bedingungen. C. H. Beck'sche Verlagsbuchhandlung, München.

LÜSCHER, K. (1995): Familienrhetorik im „Internationalen Jahr der Familie“, in KEIL, S./ LANGER, I. (Hg.): Familie morgen? Ertrag und Perspektiven des „Internationalen Jahrs der Familie“, Marburg.

POSTMAN, N. (1995): Keine Götter mehr. Das Ende der Erziehung, Berlin-Verlag.

RIEH-ENDE, A./HÄNNY, G./WILLI, J. (1994): Was Paar zusammenhält. Empirische Untersuchung zu den Gründen für und gegen Trennung bei Paaren in fester Partnerschaft, in: Psychotherapeut.

SCHNEIDER, N. F. (1996): Familie im Mordernisierungsprozeß, ifb-Materialien 1/1996 des Staatsinstitut für Familienforschung an der Universität Bamberg.

WILLI, J. (1991): Was hält Paare zusammen, Rowohlt Verlag, Reinbek.

„tripp trapp“

Erfahrungen mit einem Familienbildungsprogramm für Kinder im Vorschulalter und ihre Eltern

Horst Reller

Wertevermittlung als Herausforderung

Wertevermittlung und religiöse Tradition

Wertevermittlung von einer Generation auf die nächste hat immer eine religiöse Seite. Die Begründung, weshalb dieses Verhalten gut und lebensfördernd ist, jenes aber nicht gut und lebensschädigend, greift stets über eine vordergründige Vernünftigkeit des Augenblicks hinaus. Sie ist in einer überkommenen Weltsicht begründet und hat eine in die Zukunft reichende, prophetische Perspektive. Klassisch ist das im 5. Mosebuch 6, 20-21 (vgl. auch 5. Mose 6,7) zum Ausdruck gebracht:

> „Wenn dich nun dein Sohn morgen fragen wird: Was sind das für Vermahnungen, Gebote und Rechte, die euch der Herr, unser Gott, geboten hat? So sollst du deinem Sohn sagen: Wir waren Knechte des Pharao in Ägypten, und der Herr führte uns aus Ägypten mit mächtiger Hand“.

Der *Ort* der Weitergabe ist die Familie, der Ort des Zusammenlebens von Jung und Alt, *Anlaß* der Weitergabe die Feier des Festes, *Form* der Weitergabe das Erzählen im Gespräch. *Die Bedeutung der Weitergabe* ist das Einleben in eine Tradition, die einen Ort in der Geschichte zuweist, die ein Ziel über meine Person und Zeit hinaus vorgibt und so meinem Leben in dieser Zeit Sinn gibt.

Wertevermittlung als politische Aufgabe der Familie

Seit mehr als einem Jahrzehnt haben Begriffe wie Traditionsabbruch, Werteverfall und – oft damit gepaart – wachsende Jugendkriminalität politische Spitzengremien beschäftigt. Familie und Familienbildung wurden zu wichtigen Begriffen der politischen Debatte. Inhaltlich sind dem Bund hier die Hände gebunden, aber auch die zuständigen Länder können nur

„fördern", nicht verfügen - eben wegen der implizierten religiösen Dimension der Wertevermittlung. Das Sozialgesetzbuch (SGB), Achtes Buch (VIII) Kinder- und Jugendhilfe (1. Mai 94) umschreibt mit den beiden Eckpunkten Förderung der Entwicklung und Erziehung zur eigenverantwortlichen und gemeinschaftsfähigen Persönlichkeit einerseits und Elternrecht andererseits. Das Gesetz bestimmt:

„**Erstes Kapitel. Allgemeine Vorschriften**

§ 1 Recht auf Erziehung, Elternverantwortung, Jugendhilfe

(1) Jeder junge Mensch hat ein Recht auf Förderung seiner Entwicklung und auf Erziehung zu einer eigenverantwortlichen und gemeinschaftsfähigen Persönlichkeit.
(2) Pflege und Erziehung der Kinder sind das natürliche Recht der Eltern und die zuvörderst ihnen obliegende Pflicht. Über ihre Betätigung wacht die staatliche Gemeinschaft.
(3) Jugendhilfe soll zur Verwirklichung des Rechts nach Absatz 1 insbesondere

1. junge Menschen in ihrer individuellen und sozialen Entwicklung fördern und dazu beitragen, Benachteiligungen zu vermeiden oder abzubauen,
2. Eltern und andere Erziehungsberechtigte bei der Erziehung beraten und unterstützen,
3. Kinder und Jugendliche vor Gefahren für ihr Wohl schützen,
4. dazu beitragen, positive Lebensbedingungen für junge Menschen und ihre Familien sowie eine kinder- und familienfreundliche Umwelt zu erhalten oder zu schaffen."

In diesem Zusammenhang erscheint der Begriff der „Familienbildung" offiziell erstmalig im Gesetzestext. Mütter und Väter sowie andere Erziehungsberechtigte sollen in den Stand gesetzt werden, ihre Erziehungskompetenz zu verbessern.

„**2. Abschnitt. Förderung der Erziehung in der Familie**

§ 16 Allgemeine Förderung der Erziehung in der Familie

(1) Müttern, Vätern, anderen Erziehungsberechtigten und jungen Menschen sollen Leistungen der allgemeinen Förderung der Erziehung in der Familie angeboten werden. Sie sollen dazu beitragen, daß Mütter, Väter und andere Erziehungsberechtigte ihre Erziehungsverantwortung besser wahrnehmen können.
(2) Leistungen zur Förderung der Erziehung in der Familie sind insbesondere

1. Angebote der Familienbildung, die auf Bedürfnisse und Interessen sowie auf Erfahrungen von Familien in unterschiedlichen Lebenslagen und Erziehungssituationen eingehen, die Familie zur Mitarbeit in Erziehungseinrichtungen und in Formen der Selbst- und Nachbarschaftshilfe besser befähigen

sowie junge Menschen auf Ehe, Partnerschaft und das Zusammenleben mit Kindern vorbereiten,
2. Angebote der Beratung in allgemeinen Fragen der Erziehung und Entwicklung junger Menschen,
3. Angebote der Familienfreizeit und der Familienerholung, insbesondere in belastenden Familiensituationen, die bei Bedarf die erzieherische Betreuung der Kinder einschließen.

(3) Das Nähere über Inhalt und Umfang der Aufgaben regelt das Landesrecht."

Erste Ansätze zu Frauen- und Familienzentren in den neuen Bundesländern deuten auf die Umsetzung dieser Bestimmungen hin.

Verdrängung der Kirche als Wertevermittler im Osten

In den neuen Bundesländern stellt sich diese Problematik noch einmal ganz anders dar: Der SED-Staat hat scharf in das Gefüge der Wertevermittlung eingegriffen. Der Traditionsabbruch im christlichen Bereich wurde systematisch gefördert (Auseinandersetzung Jugendweihe/junge Gemeinde). Die Traditionsvermittlung von Großelterngeneration auf die junge Familie und Enkelkinder wurde schon durch die Wohnweise erschwert (Plattenbausiedlungen, 2 1/2 Zimmerwohnungen) und die Übernahme der Erziehung vom 1. Lebensjahr an durch Krippe und Kindergarten forciert. Das alles vollzog sich im Rahmen der atheistisch-materialistischen Erziehung, die um Kirche und Glaube eine Mauer des Schweigens gezogen hat, die heute noch als Fremdheit und Mißtrauen gegenüber allem Religiösen fortwirkt. Die Kulturpolitik der SED war damit „erfolgreicher", als man heute gerne zugibt.

Nach Aussage des früheren sächsischen Landesbischofs, Johannes HEMPEL, hat die Kirche in Sachsen vor der Wende etwa 3-5 % Kinder und Jugendliche eines Jahrganges gewinnen können. Die dadurch entstandene Minoritätensituation besteht heute unter geänderten Umständen weithin ungebrochen fort – nämlich als Fremdheit gegenüber Kirche und Glaube, die wie eine Imprägnierung gegenüber ihren Angeboten wirkt.

Verantwortliche Familie – Wertevermittlung im Westen

So steht einer ganzheitlichen Familienbildung im Osten eine hemmende Fremdheit entgegen. Im Westen dagegen herrscht eher Unsicherheit angesichts der veränderten gesellschaftlichen Situation: durch tägliche Informationsüberflutung, die Medienvielfalt im Wohnzimmer und die Pluralisierung der Werte. Diese Entwicklung wird sich weiterhin steigern durch die Globalisierung der Informationen (Datenautobahn, Internet) sowie durch die Tatsache der Multireligiosität im Abendland. „Die Moschee steht gleich um die Ecke." Angst, Unsicherheit, Überforderung, Wertresignation bei Familien und Erziehern kann aber künftig nur überwunden werden, wenn eine Besinnung auf die überkommenen religiösen, d. h. christlichen Überlieferungen stattfindet. Genau hier setzt aber das Familienbildungsprogramm „tripp trapp" an, ein familienpädagogisches Angebot ganzheitlicher Art. Es ermöglicht Einleben in überlieferte Werte von der Wurzel her: beim Miteinander von Kindern und Eltern in der Vorschulzeit.

Lebensbestimmende Familie

„tripp trapp" ist in den Jahren von 1982-86 im Auftrag der Lutherischen Kirche in Norwegen, in Zusammenarbeit von zwei Universitätsgelehrten der Universität Oslo Oddbjörn Exenshaug und Dag Hallen einerseits und dem Institut für christliche Erziehung in Oslo andererseits, entwickelt worden und wird seit Oktober 1986 von dem gemeinnützigen Verlag HD Forlaget in Oslo landesweit vertrieben. Folgender Ausgangspunkt und folgende Prinzipien liegen dem „tripp trapp"-Konzept zugrunde:

Taufe und Glaubensvermittlung

Die Taufe ist an kein Lebensalter oder an ein bestimmtes Reifestadium gebunden. „Laßt die Kinder zu mir kommen und wehret ihnen nicht, denn solchen gehört das Reich Gottes" (Mk 10,14). Jesus hatte damit eine Altersgrenze für den Zugang zum Reiche Gottes abgewiesen. Die Taufe soll also so früh wie möglich geschehen. So hat es auch die lutherische Reformation festgehalten. Johann BUGENHAGEN: „Wir taufen sie, wenn wir können. Wir lehren sie, wenn wir können" (Braunschweiger Kirchenordnung, 1528). Weil zur Taufe der Glaube gehört, soll dieser durch den Katechumenat schon in der Familie geweckt werden. Der kleine Katechismus sollte als Plakat am Eßtisch hängen.

Privatisierung der Religion

Der Trend zur Privatisierung der Religion hat gerade jüngere Menschen erfaßt (Verblassen der überlieferten Institutionen, Religion als Privatsache, Offenheit für Alternativen, Wahlverhalten). Die aus der Kirche Austretenden sind zu 75 % jüngere Menschen (Eltern) im Alter von 20 bis 40 Jahren (Beispiel Hannover-Stadt). Nach dem Urteil der Religionspädagogik kann eine religiöse Sozialisation in der Volkskirche nicht mehr vorausgesetzt werden.

Wie die trotzdem weitgehend ungebrochene Kindertaufsitte zeigt, besteht der Grund dafür eher im veränderten Familienleben und dem Fehlen von konkreten Anstößen zum „Umgang mit dem Glauben", nicht aber in einer Ablehnung.

Bleibende Chancen der Familie

Gerade im Zusammenhang mit der Geburt des ersten Kindes entsteht bei den Eltern ein großer Orientierungsbedarf (völlig veränderter Tageslauf, veränderte Schwerpunkte, neue Perspektiven). Offenheit für Neuorientierung zeigt sich bei den Eltern besonders vor und nach der Geburt, im Fragealter des Kindes (von etwa drei Jahren) und beim Kind von 6 Jahren, wenn es auf den Schulanfang zugeht (Trennungserlebnis). Dieser Bedarf wird berücksichtigt durch Zeitschriften wie „Eltern", „Spielen und lernen" oder „Leben und erziehen", aber auch „Family" und „Familie & Co." Lebenshilfe ist hier gefragt!

Nach Erkenntnissen der Kinderpsychologie lernt das Kind in diesem Alter vor allem vom Verhalten der ersten Bezugspersonen. Der grundlegende Umgang mit der Lebenswirklichkeit entsteht aus den Erfahrungen mit den Primärpersonen. Diese Lernvorgänge im Bereich der ungeteilten Vertrauensbeziehung („was man mit der Muttermilch eingesogen hat") greifen wesentlich tiefer als spätere, stärker rationale Lernvorgänge. Gerade die religiöse Grundhaltung wird in den ersten Lebensjahren vermittelt. (Wechselbeziehung von Gottesbild und Gebet)

Die Weltsicht eines Menschen wird entscheidend in den ersten Lebensjahren geprägt. Kindergarten und Religionsunterricht wirken eher „intellektuell" und kommen in gewisser Weise bereits „zu spät".

Dieses spielt auch für die Glaubensvermittlung eine entscheidende Rolle. 75 % derer, die später von sich sagten, daß sie sich als Christen verstehen, führen dies auf ihr Elternhaus zurück.

Taufe und Taufversprechen als Einstieg für „tripp trapp“

Nahezu alle evangelischen Eltern lassen ihre (kleinen) Kinder taufen. Hier liegt eine große Chance für die Kirche. Wird sie verpaßt? Tauffeier und Taufversprechen berühren Eltern und Paten mehr, als man nach dem „Gewohnheitscharakter“ der Kindertaufe erwarten sollte. Viel kommt es auf das Taufgespräch an.

Auch „tripp trapp“ ist auf die Information beim Taufgespräch angewiesen. Der Vorsatz, wirklich etwas dauerhaft Gutes für das Kind zu tun, wird aber oft durch vielfältige andere Reize und Impulse überlagert (Zuschüttungseffekt).

- „tripp trapp“ wirkt auch ohne eine feste Kerngemeindebeziehung in der Familie weiter.
- Es verlangt den Eltern und Paten eine Konsequenz aus ihrem Taufversprechen ab (Bestellung).
- „tripp trapp“ knüpft im ersten Lebensjahr an und gibt Eltern und Kindern Anregungen an die Hand (z. B. Lieder zum Zubettgeh-Ritual).
- „tripp trapp“ gibt nicht nur *einen* Anstoß, sondern begleitet kontinuierlich (alle vier Monate). Es ist multimedial angelegt. Kinder lernen „spielend“.
- Dadurch wirkt es dem „Zuschüttungseffekt“ entgegen.
- Besonders wertvoll ist es bei der Geburt des ersten Kindes, weil dann alles neu und ungewohnt ist.
- Die Informationen über die Entwicklungsschritte des Kindes und die Anregungen zur christlichen Erziehung werden dann besonders gern angenommen.
- „tripp trapp“ legt so den Grund auch für eine neue gemeindliche Familienarbeit (Anfrage März 1995: „Gibt es in O. eigentlich einen 'tripp trapp'-Kreis?“).

„tripp trapp"-Förderung des Taufkatechumenates in der Familie

„tripp trapp" ist ein *gezieltes Angebot* für die Sozialgruppe „Kind und erste Bezugsperson", also für den privaten Bereich zu Hause. Es ist auf die Entwicklungsschritte des Kindes im Alter von 0 bis zu 6 Jahren bezogen.

- Es bietet dosiert, aber kontinuierlich etwas in einem Zeitraum an, für den ein praktikables kirchliches Konzept bisher fehlte (Aktivitätspakete).
- „tripp trapp" fördert und vertieft *die* Kommunikation zwischen Eltern und Kindern, indem es christliche Impulse den allgemeinen Impulsen zuordnet (Ganzheitlichkeit).
- „tripp trapp" baut auf die Kindertaufe auf (oder geht ihr voraus) und fördert ein genuin kirchliches Anliegen, den Taufkatechumenat.
- Durch Förderung der Eltern stärkt „tripp trapp" das Priestertum aller Gläubigen (Taufpriestertum, Hauspriestertum). Es dient dem Gemeindeaufbau von der Taufe her.

Tragendes Element der Kirche im Westen, wahrscheinlich aber auch verstärkt wieder im Osten, ist die Kindertaufe. Mit ihr verbindet sich die Herausforderung, die weithin ausfallende religiöse Sozialisation im frühkindlichen Alter mit allen Kräften zu stärken. Hier liegt ein volkskirchliches Schlüsselproblem.

Zugleich damit sollte die „junge Familie" mit ihren Fragen als Schwerpunkt kirchlicher Arbeit anerkannt und gerade schon vor dem Kindergartenalter stärker beachtet werden. Theologisch und praktisch ist die verstärkte Verbindung von Kindertaufe und christlicher Erziehung durch geeignete Konzepte bewußt zu machen und zu fördern. „tripp trapp" ist ein deutliches Signal in dieser Richtung, das kirchlich Beachtung finden sollte.

Vermittlung und Akzeptanz von „tripp trapp"

Am 1. April 1992 nahm der Verlag Eltern und Kinder, Taufring der Familien als gemeinnützige GmbH seine Arbeit in Gera auf. Der Versand von „tripp trapp"-Paketen begann Ende November 1993 und im Juli 1998 waren ungefähr 3.700 Jahresabos verkauft, d. h. über 20.000 Aktivitätspakete versandt. Die neuen Bundesländer waren daran mit etwa einem Fünftel beteiligt. Im folgenden bleiben sie jedoch weitgehend ausgeblendet, da die besonderen Voraussetzungen im Osten ein hohes Maß von Sondererläuterungen erfordern würden. Die folgenden Ausführungen beschränken sich auf die Erfahrungen der Vermittlung und Akzeptanz in den Altbundesländern.

Akzeptanz in den Familien

Die Akzeptanz von „tripp trapp“ in den Familien zeigt sich zunächst in der Quote der Weiterbestellungen von Jahrgang zu Jahrgang. Diese liegt bei den Jahrgängen 1-3 bei 70-90 %, soweit es sich um Familien handelt. So ist es an den ersten Jahrgängen zu beobachten. Mit Jahrgang 4, der noch nicht abgeschlossen ist, scheint sich die Weiterbestellungsquote abzuschwächen auf etwa 60 %. Dieses dürfte eine ganz parallele Entwicklung zu Norwegen sein. Ohne daß hierzu Genaueres erforscht wäre, scheint sich das Kindergartenalter auszuwirken, das ja auch zusätzliche Kosten für die Familie verursacht.

Außerdem haben im September 1994 und im Oktober 1995 sowie im September 1997 Kundenbefragungen stattgefunden, bei Empfängern, die (Oktober 1995) den Erhalt von mindestens Paket 1-8 voraussetzten. Hinzu kam eine Befragung per Fragebogen, die mit Paket 9 (September 1995) verschickt wurden. Sie zielte hauptsächlich auf die Bibelillustrationen von Ute RÜCKERT, Luise NEUPERT und Egbert HERFURTH. Es kam zu einer Reaktion auf die Fragebogen von etwa 5 %. Insgesamt zeugen diese Befragungen neben den spontanen brieflichen Äußerungen von einer positiven Akzeptanz bei gleichzeitiger Differenzierung im einzelnen.

Im übrigen zeigt sich neben der Akzeptanz in den Familien auch etwas von hemmenden Kräften: es gibt heute weniger Kinder, aber ebensoviele Großmütter, Tanten, Onkels, die ein Geschenk mitbringen. Das Kinderzimmer ist satt (und voll) von Sachen, die der Familie nichts gekostet haben. Dazu kommen, vor allem im ersten Lebensjahr, vielerorts kommunale Informationen für junge Mütter, die alles über die Gesundheit, aber nichts über religiöse Erziehung sagen. Daneben stehen auch kostbare Geschenke von Herstellern von Babynahrung und Pflegemitteln. Es gibt einen Verwöhnungseffekt!

Aber auch der Zeitschriftenmarkt hat, wie bereits erwähnt, längst die Familie und ihre Bedürfnisse erkannt und vermarktet. Außerdem zeigt sich auch an den Reaktionen auf Publikationen zu „tripp trapp“ eine sehr deutlich schwächere Reaktion im volkskirchlich-landeskirchlichen Bereich. Hat die religiöse Motivation bei den jungen Taufeltern dort entscheidend abgenommen? Diese Lage hat andererseits die stetige Ausbreitung von „tripp trapp“ nicht behindern können, sie hat sie vielleicht verlangsamt. Ein Grund dürfte sein, daß es im Zeichen der Konkurrenz dem Verlagsneuling Eltern und Kinder bisher nicht möglich war, durch eine breitere Informationsarbeit Atmosphäre für das bisher einmalige Produkt „tripp trapp“ zu schaffen.

Akzeptanz in den Gemeinden

„tripp trapp“ zeigt bundesweit im wesentlichen eine Flächenstreuung, die aber einige Konzentrationspunkte hat: z. B. in Sachsen Leipzig und Dresden, in Thüringen Gera, Jena und Schleiz, dann das Umfeld von Hannover und Osnabrück sowie überraschenderweise Hilgermissen bei Verden oder Resse (Gemeinde Wedemark), ferner die Räume Mannheim, Karlsruhe, Pforzheim, Freiburg und Offenburg oder Köln und Düsseldorf. Daraus läßt sich ablesen, daß an einigen wenigen Stellen „tripp trapp“ als Instrument des Gemeindeaufbaues oder der Familienbildung eingesetzt wird (Hilgermissen, Resse, Offenburg, Pforzheim und vielleicht Itzehoe), an anderen eher offen und allgemein auf „tripp trapp“ als Hilfe zur religiösen Erziehung hingewiesen wird. Daher die dünnere Streuung!

Der verschiedene Umgang mit „tripp trapp“ seitens der Gemeinden ist in der Sache angelegt. Viele Pfarrerinnen und Pfarrer nutzen den langfristigen Gemeindeaufbaueffekt von „tripp trapp“ noch nicht, weil sie vielleicht nicht zu „Verkaufsagenten“ eines Wirtschaftsunternehmens (!) werden möchten. Aber man kann „tripp trapp“ der Kosten wegen nicht verschenken. Auch sollen die Besteller eben durch ihre Willensentscheidung (Abobezahlung) sich hinter die Aufgabe der christlichen Erziehung stellen. Die indirekte Vermittlung von „tripp trapp“ ist schließlich in der Sache angelegt und unvermeidlich. Der Weg zum Kinde geht nur über die Eltern, der Weg zu den Eltern hauptsächlich über den Pfarrer/die Pfarrerin. Ein Slogan „die Kinder würden 'tripp trapp' wählen“ (parallel zu „die Katzen würden Whiskas wählen“) hat zwar erfahrene Realität auf seiner Seite, ist aber trotzdem schwierig.

Für das Bekanntmachen von „tripp trapp“ ist nach wie vor der Pfarrer, die Pfarrerin beim Taufgespräch ganz entscheidend. Die Aufgabe der Weitergabe des Glaubens wird durch den Hinweis auf die Hilfen unterstrichen – „taufet sie *und* lehret sie“. Eine Befragung vom Herbst bei allen Empfängern von Paket 13 zeigte im übrigen, auf wen die Leute am meisten hören, wenn es um die Entscheidung geht und welche wichtige Rolle das Weitersagen von Familie zu Familie spielt.

Frage: Wie erfuhren Sie von „tripp trapp“? Durch die Gemeinde/Pfarrer usw. 7x; durch Verwandte 12x; durch Freunde 4x; durch Zeitungen/Zeitschriften 9x.

Daß die Benutzer (Verwandte, Freunde) eine so wirksame „Werbung“ treiben ist sicher ein gutes Signal für das Projekt. Trotzdem bleibt die Gemeinde und ihre Taufpraxis eine entscheidende Basis für das Kennenlernen von „tripp trapp“!

Akzeptanz in den Landeskirchen

Eine der ersten Landeskirchen, die die volksmissionarische Bedeutung des Familienbildungsprogramms „tripp trapp“ im Anschluß an die Taufpraxis erkannte, war die Evangelische Kirche in Baden. Zwei Dinge hatten hier gezündet – die Aktivierung der Eltern für die Weitergabe des Glaubens und die freie Initiative eines kirchennahen, gemeinnützigen Unternehmens für eine bisher kaum bearbeitete pädagogische Aufgabe im Zeichen rückläufiger kirchlicher Finanzen. Nach anfänglichem Zögern setzten sich aber weitere Landeskirchen für das Projekt ein, indem sie einen Beirat beschickten, der die redaktionelle Weiterentwicklung des Materials gefördert hat. So konnte in den Landeskirchen Baden, Braunschweig, Bayern, Hannover, Sachsen, Schaumburg-Lippe und Thüringen auch ein vertieftes Wissen um „tripp trapp“ und seine Akzeptanz in den Familien weitergegeben werden. Es ist wichtig, auch die „Philosophie“ des Konzeptes zu verstehen! Die Streuung der Abonnenten über die verschiedenen Landstriche Deutschlands bietet im übrigen ein getreues Abbild der „Kirchlichkeit“ – viele Abonnenten im Süden und Südwesten, in Hannover und in Rheinland/Westfalen, auch in Sachsen und Thüringen, aber wenige Abonnenten in den übrigen östlichen Landeskirche, wo es eben auch kaum noch kirchlich gebundene junge Familien gibt. Die Abonnenten in den neuen Ländern zeigen im übrigen eine deutlich höhere „Treue" und Dankbarkeit für die durch „tripp trapp" erfahrene Hilfe, obwohl sie eigentlich zumeist kirchlich gebunden sind.

Gemeindeaufbau von den Wurzel her - Taufe

Bisher lief die Weitergabe des Glaubens in den grundlegend wichtigen ersten Lebensjahren der Kinder von 1 bis 3 (bzw. 4 bis 6) Jahren gleichsam von selbst durch die Familie. Das ist im Zeichen der Medien- und der Informationsgesellschaft anders geworden. Unsicherheit hat sich ausgebreitet. Trotzdem ist die Familie bei der Vermittlung der Werte die wichtigste Agentur. Was wäre wohl aus dem Judentum geworden, wenn nicht neben der Synagogengemeinde die Traditionsvermittlung in der Familie gestanden hätte! Und unter Diasporabedingungen arbeiten unsere Gemeinden weitgehend schon jetzt! Das gilt allemal für den Osten Deutschlands, wo sich die Kirche dort am besten gegenüber dem staatlich geförderten Atheismus gehalten hat, wo der Glaube auch Familiensache war. Die Förderung der Glaubensweitergabe in der Familie ist ein Stück Zukunftsarbeit von wachsender Bedeutung. Nach einer Befragung, von Menschen, die sich später in ihrem Leben als Christen verstanden, gaben 75 % an, daß sie diese Einstellung von ihrer Familie her haben.

„tripp trapp" ist *Gemeindeaufbau und Erwachsenenarbeit* von der *Kindertaufe* her, im strengen Sinne also Basisarbeit. Man braucht Geduld, denn „tripp trapp" zeigt seine Wirkungen erst im Laufe einer *längeren Zeitperiode*. Es will im Ganzen und im Detail schrittweise „entdeckt" sein. Also Geduld und Ruhe!

Wie kann man „tripp trapp" in der Gemeinde bekanntmachen?

Es sollte darüber im Kirchenvorstand bzw. Presbyterium gesprochen werden. Dann aber ist der Gemeindebrief wichtig und zwar am besten mit persönlichen Erfahrungsberichten von Eltern, die „tripp trapp" seit einiger Zeit benutzt haben. Solche Erfahrungsberichte - ganz spontane und reflektierte liegen im Verlag in Gera vor. Besser ist natürlich die Quelle vor Ort, die eigene Gemeinde.

Einige Kirchenvorstände haben seitens der Gemeinde Gutscheine an die Taufeltern ausgegeben, so daß das Jahresabo etwa um 20 DM oder mehr verbilligt wird. Die Bestellung der Eltern wird dann mit dem Gutschein an den Verlag gegeben, der die Gemeinde verständigt, die den Teilbetrag von den Eltern erbittet und die volle Rechnung begleicht.[1]

Die wichtigsten Helfer bei der *finanziellen Hürde* sind *Paten*, *Großeltern* und *Freunde*, die sich entschließen, nicht noch mehr große und teure Spielsachen ins Kinderzimmer zu liefern, sondern stattdessen etwas Einfaches und Sinnvolles.

Wie stelle ich „tripp trapp" in einer Gruppe vor?

Gibt es eine *Mutter* in der Nähe, die mit ihrem Kind *Erfahrungen* mit „tripp trapp" hat? Ihre Erzählung über Erfahrungen ihres Kindes mit „tripp trapp" ist besonders wertvoll und kostbar.

Einen solchen *Kurzbericht* kann man an den Anfang stellen. Dann sollte man auf die Themen aus dem Erziehungsalltag aufmerksam machen, wie sie in den *Elternmagazinen* enthalten sind. Auch sollten Einzelheiten aus einem Elternmagazin als exemplarische Beispiele angeführt werden. Danach sollte eine Gesprächsphase folgen.

Dann könnte man einen Beispielkarton auspacken und Stück für Stück erklären. Man kann z. B. bei Paket 8 mit dem Elternmagazin beginnen und die Fragen des Kindes – „wo ich herkomme" – am Anfang aufnehmen. Im Kinderzimmer kommt es auf das *praktische Ausprobieren* an: den Samen der Sonnenblume säen, das Experiment mit den Pflanztöpfen machen und am Plakat mitverfolgen. Dann wäre das *Erzählen aus dem eigenen Leben der Erwachsenen* nach dem Bilderbuch „So ist das Leben" an der Reihe. Gemeint ist ja hier das Menschenleben, das eigene Leben, erzählt von der Mutter, vom Vater. Schließlich kommt die *Bibel*. Woher kommt alles Leben? Dabei kann der Leporello „Schöpfung" dienen. (Gott schuf Himmel und Erde).

Jetzt sollte man einen Überblick bieten über das gesamte Projekt, etwa mit Hilfe des Prospektes. Auf Wunsch kann ein weiteres Paket geöffnet werden: aber nicht zuviel Material ausbreiten, das verdeckt die Zusammenhänge und lenkt auf eine falsche Materialebene.

[1] Unveränderter Betrag für ein Jahresabo 1998: 88,50 DM.

Entscheidend ist, ob ein pädagogisch konkreter Zusammenhang und Bezug zu den Erlebnissen im Kinderzimmer sichtbar wird (Elternmagazin, eigenes Nachdenken der Mütter auslösen). Wenn man zuviel Material ausbreitet, verdeckt man diese Zusammenhänge und verhindert geradezu das Eindringen in das Wertvollste, nämlich die kinderpsychologische Entwicklung und ihre Begleitung. Diese Konkretheit ist aber entscheidend und mit ihr der Gesamtaufbau und innere Zusammenhang der verschiedenen Gegenstände.

Wenn Erfahrungen vorliegen, werden sie ohne Weiteres von den jungen Eltern auch weitererzählt. Sie sagen dann, was sie für ihre christliche Erziehung und die weitere Beratung, gerade als Eltern eines ersten Kindes, gehabt haben, dadurch daß sie „tripp trapp“ bekamen.

Im Gemeindehaus oder in der Kirche sollte ein *Plakat mit Tasche* und Prospekten hängen. Die Prospekte müßten dann jeweils ergänzt werden. Machen Sie beim *Gemeindefest* einen Stand, am besten besetzt mit „tripp trapp“-Müttern als Gesprächspartnerinnen oder dem Pfarrer oder der Pfarrerin (Taufgespräch), wenn dieses darstellbar ist.

Hat man einige Familien, die „tripp trapp“ benutzen, dann kann man auch schon einmal die große *Fidushandpuppe* im Familiengottesdienst einsetzen. Die Kinder haben dann - eingesprengt in den normalen Ablauf des Gottesdienstes - jeweils ihren Partner, mit ihrem Kommentar, auf den sie gespannt warten. Der Gottesdienst redet sie nun auch aus ihrer Ebene an.

Der Kirchenvorstand sollte immer wieder im Zusammenhang mit dem Stichwort Gemeindeaufbau über „tripp trapp“ informiert werden. So könnte Tauferinnerung zum festen Bestand im Jahresprogramm der Gemeinde werden und der grundlegende Taufkatechumenat in der Familie würde bewußt gestützt.

Eine Mutter fragte jetzt: „Gibt es ‘tripp trapp’ eigentlich auch über das sechste Lebensjahr hinaus? Schade, daß es jetzt vorbei ist!“ Und Frau Anette B. aus Schleswig-Holstein schrieb, nachdem sie alle sechs Jahrgänge für ihr Kind erhalten hatte: „Im täglichen Umgang fallen mir oft Textpassagen aus dem Beiblatt für Eltern (Elternmagazin) ein. Ich bin alles in allem sehr froh, dieses Abo geordert zu haben.“

Elternarbeit in Kindertagesstätten

Angela Mathieu

Wenn man jemanden fragen würde, ob ein Kindergarten *ohne Kinder* vorstellbar wäre, käme die spontane Antwort: *Nein!*

Wenn man dann fragen würde, ob man sich einen Kindergarten *ohne Erzieherinnen* vorstellen könnte, käme ebenso ein klares: *Nein!*

Wenn man aber fragen würde, ob ein Kindergarten *ohne Eltern* vorstellbar wäre, käme die Antwort von vielen: *Ja!* (Besonders, wenn man Erzieherinnen fragen würde. Oft gehörte Klagen: „Wenn bloß die Eltern nicht wären!“)

Wenn man jetzt fragen würde, ob ein Kindergarten *ohne Kirchengemeinde* vorstellbar wäre, würde diese Frage mit einem klaren *Ja* beantwortet werden. (Zunahme anderer Trägerschaften von Kindergärten ermöglicht den Eltern ein größeres Wahlrecht als früher.)

Die Chance, die eine evangelische Kirchengemeinde hat, wenn sie einen Kindergarten trägt, ist die Tatsache, daß sie damit einen wichtigen Schlüssel für eine einladende Gemeinde hat. Um diese Möglichkeit zu erschließen und weiterzuentwickeln, hat die Evangelische Kirche in Deutschland ein Modellprojekt „Weiterführende Konzepte für evangelische Kindertagesstätten und Gemeinden“ über einen Zeitraum von zwei Jahren in acht Einrichtungen in fünf Bundesländern praktisch und wissenschaftlich bei der Erprobung neuer Wege in der Zusammenarbeit von Kindergarten und Kirchengemeinde begleitet. Dabei sind die Erzieherinnen wichtige Bündnispartnerinnen der Kirchengemeinde, wenn es darum geht, Familiensituationen wahrzunehmen, zu interpretieren und Konsequenzen abzuleiten.

Durch umfassende Umfragen der Eltern war zunächst herauszufinden, wie es den Familien in ihrem Umfeld heute geht, was sich für sie verändert hat, welche Unterstützung sie vom Kindergarten und ihrer Gemeinde vor Ort heute brauchen.

Dabei ist zu bedenken, daß Eltern beim Eintritt ihres Kindes in den Kindergarten heute durchschnittlich einige Jahre älter sind als früher (in der Regel Ende 20, früher Anfang 20). Die Mütter haben häufiger ein höheres Bildungsniveau, eine Berufsausbildung abgeschlossen und sind oft selbst berufstätig. Die Erzieherinnen, die in der Regel weiterhin mit Anfang 20 ihre Ausbildung abschließen, haben es mit reiferen und selbstbewußteren Frauen zu tun als früher. Die heutigen Mütter wissen meistens sehr genau, wie ihr Kind erzogen werden soll.

Das hat die Kommunikation mit den Müttern verändert und für viele junge Erzieherinnen nicht gerade erleichtert. Die heutigen Mütter und Väter wünschen sich keine Arbeit *an* ihnen, sondern *mit* ihnen.

Laut Umfragen wünschen sich Eltern in erster Linie *für ihre Kinder* vom Kindergarten:

1. daß ihre Kinder sich *wohlfühlen* und *gern* in den Kindergarten gehen
2. daß ihre Kinder in ihrer *Entwicklung gefördert* werden
3. daß ihre Kinder *Freunde* finden

Für sich wünschen sich Eltern in erster Linie vom Kindergarten:

1. *Bedarfsgerechtes* Angebot
2. *Erfahrungsaustausch und Begegnungen* mit anderen Eltern
3. *Information über den Entwicklungsstand* ihres Kindes
4. *Mitsprache bei wichtigen Veränderungen:* Konzeption, Elternbeiträge, Öffnungszeiten

Die Umfragen haben deutlich gezeigt, daß Wissensvermittlung und Bildungsangebote an herkömmlichen Elternabenden seltener gefragt sind. Vielmehr zeigen Eltern Interesse daran, Erfahrungen mit anderen Eltern zu teilen, über die Entwicklung ihres Kindes informiert zu werden, sich auszutauschen und bei gemeinsamen Aktivitäten Kontakte über den Kindergarten hinaus zu knüpfen.

Das Sicherheitsbedürfnis der Eltern, alles richtig zu machen, nichts versäumt zu haben - nicht nur bei der Erziehung zur Schulfähigkeit und Gesundheitsvorsorge - spricht für ein großes Verantwortungsgefühl der Eltern und fordert angemessene Orientierungshilfen bei der Erziehung, Bildung und Betreuung der Kinder.

Der Kindergarten als familienfreundlicher Lern- und Lebensraum bietet auch der Gemeinde vielfältige Möglichkeiten, sich für die Bedürfnisse von Kindern und deren Familien zu öffnen. Bei gemeinsamen Aktivitäten von Kindergarten und Kirchengemeinde haben Signale, die von der Kirche ausgehen, eine nicht zu unterschätzende Bedeutung.

Die Kirchengemeinde sollte nicht von der Fragestellung ausgehen, wie sie Familien und Kinder an Kirche heranführen, gewinnen und binden kann, sondern von der Überlegung, wie das Angebot der Kirche aussehen kann, damit Familien und Kinder an ihrem Ort in ihrer Gemeinde gut leben können. Entscheidend ist nicht, daß Menschen bleiben, sondern daß sie Erfahrungen und Erlebnisse mit der Kirche gemacht haben, die sie in unterschiedlichen Lebensphasen und Lebenskrisenzeiten begleiten, unterstützen und stärken konnten. Die Erfahrung zeigt, daß Familien mit kleinen Kindern intensivere Begleitung wünschen. Mit zunehmendem Alter der Kinder lassen die Kontakte meist nach.

Es geht auch darum, die Realität der Ablösung zu akzeptieren. Auch eine Gemeinde muß sich von Familien verabschieden können, so wie Familien von ihren Kindern.

Früher konnte man davon ausgehen, daß in den Familien christliche Vorstellungen und Haltungen an die Kinder weitergegeben wurden, z. B. durch Rituale wie gemeinsame Mahlzeiten, Zu-Bett-Geh-Ritual usw. Heute kommen Kindergarteneltern bei der religiösen Erziehung als Fragende und Suchende. Sie suchen Anregungen und Begleitung, Gestaltungsideen und Impulse, die über die familialen Bezüge hinausgehen.

Ebenso können wir bei den pädagogischen Mitarbeiterinnen nicht mehr selbstverständlich von einer religiösen Sozialisation ausgehen. Deshalb ist die Unterstützung eines Gemeindepfarrers wichtig, der die Fragen und Unsicherheiten der Erzieherinnen nicht als Defizit ansieht, sondern als Chance einer gemeinsamen Auseinandersetzung und Begleitung.

Der Kindergarten als Angebot einer Kirchengemeinde unterstützt und entlastet Familien, indem er ein verläßliches Erziehungs-, Bildungs- und Betreuungskonzept anbietet.

Er berücksichtigt dabei

- alleinerziehende Mütter/Väter,
- Berufstätigkeit beider Elternteile,
- fehlende Geschwistererfahrung,
- beengte Wohnverhältnisse der Familien (Bewegungsräume öffnen),
- Krankheit/Behinderung von Familienangehörigen (Zusatzbetreuung),
- Entwurzelung durch beruflich bedingte Zwänge wie z. B. Umzug,
- Begleitung in Krisenzeiten wie z. B. Abnabelung, Übergang Kindergarten/Grundschule

und schafft beziehungs- und gemeinschaftsfördernde Erlebnisse:

- Gottesdienst zum Eintritt in den Kindergarten,
- Rituale wie gemeinsame Mahlzeiten, Morgenkreise, Geburtstagsfeste,
- Feiern kirchlicher Feste,
- Tauferinnerungsfeste,
- Familiengottesdienste,
- Eltern-Kind-Spielnachmittage,
- Ausflüge,
- Schulanfängergottesdienst,
- Besuche im Altenheim und bei Senioren,
- Sonntagsfrühstück.

Das Modellprojekt hat gezeigt, daß die Vernetzung der Familienarbeit des Kindergartens mit der Kirchengemeinde nur gelingen kann, wenn *beiderseitige Information* und *gegenseitige Einflußnahme* ermöglicht werden.

Voraussetzung ist auch die wechselseitige Akzeptanz der unterschiedlichen Arbeitsprinzipien von Kindergarten- und Kirchengemeindearbeit: Im Kindergarten arbeiten professionelle Fachkräfte in tariflich geregelter Arbeitszeit und Vergütung, bei der Kirchengemeinde sind überwiegend ehrenamtliche Kräfte in ihrer Freizeit und ohne Vergütung tätig.

Ein weiteres Problem kann die Tatsache sein, daß der zuständige Pfarrer Seelsorger und Dienstvorgesetzter der Mitarbeiterinnen in einer Person ist. Eine Trennung der Funktionen durch Kindergartenbeauftragte hat sich oftmals als sehr hilfreich erwiesen.

Bei der Begleitung des Projektes haben sich folgende Punkte als besonders wichtig erwiesen:

- Beachtung der Selbständigkeit und Eigenständigkeit beider Seiten,
- Kennen der jeweiligen Aufgaben des anderen,
- Beteiligte in den Veränderungsprozeß einbeziehen,
- dem anderen Freiheiten in der Ausgestaltung lassen,
- Raum für Eigenverantwortung erweitern,
- die gemeinsamen Vorteile nutzen (Räume öffnen),
- Austauschprozeß (Absprache, Reflexion, Auswertung),
- gemeinsame Aktivitäten fördern Kontakte, Beziehungen und Solidarität.

Um dem Anspruch einer familienfreundlichen Gemeinde gerecht zu werden, ermöglicht ein familienfreundliches Gemeindekonzept Unterstützungssysteme der Familien untereinander, stärkt das Vertrauen der Eltern in ihre erzieherische Kompetenz und trägt damit zur Lebensqualität der Kinder bei.

Eltern-Kinder-Gruppen – ein Boom ohne Ende?

Eva-Maria Heil

Eltern-Kinder-Gruppen haben in den Einrichtungen der Familienbildung seit einigen Jahren einen großen Zulauf: Eltern-Kinder-Arbeit macht ein Drittel der Unterrichtsstunden in der Familien-Bildungsstätte aus, d. h. 25 % der Familien-Bildungsstättenarbeit findet in diesem Fachbereich statt. Was sind die Gründe für diesen großen Bedarf an einem Kursangebot, das seit Ende der 60er Jahre unaufhaltsam expandiert hat?

Isolation der Kleinfamilie: Junge Frauen in der ersten Familienphase haben meist wenig oder keine Erfahrung im Umgang mit einem Kleinkind. Sie sind oft selbst als Einzelkind aufgewachsen und leben auch jetzt oft ohne direkten Kontakt zu anderen Familien mit Kleinkindern. Auch die räumliche Entfernung zu Familie und Verwandtschaft erschwert ein „Lernen am Vorbild".

Hinzu kommt, daß durch den *schnellen gesellschaftlichen Wandel* vieles im Umgang und in der Pflege von Kleinkindern so verändert ist, daß verbindliche Vorbilder fehlen und eine „Traditionsweitergabe" wenig Sicherheit vermittelt. Die *Pädagogisierung der Kindheit*, der Wunsch nach optimaler Förderung und damit verbunden die *Verunsicherung in Bezug auf die Wert- und Zielvorstellungen* in der Erziehung von Kindern läßt Eltern oft ratlos werden.

In den Kursen der Familienbildung suchen sie Kontakt zu anderen jungen Familien und erhoffen Rat und Hilfe für sich selbst und für ihre Kinder, eine frühe Förderung und Kontakte zu anderen Kindern. Für viele junge Frauen ist der Besuch einer Eltern-Kinder-Gruppe nach der Geburt des Kindes der erste Schritt wieder in die Öffentlichkeit. Sie leiden oft unter dem Verlust von Kontakten nach außen, wenn sie wegen des Kindes die Berufstätigkeit aufgegeben haben. Sie machen in anderen öffentlichen Räumen Ausgrenzungserfahrungen, da Kinder unerwünscht sind und haben so häufig wenig andere Bezugspersonen, die ihre Erfahrungen teilen könnten.

Die Arbeitsweise und die Zielsetzungen in den Eltern-Kinder-Gruppen sind unterschiedlich: meist treffen sich maximal 10 Mütter bzw. Väter mit ihren

Kindern im „Spielkreis“, in der „Krabbelgruppe“ oder im „Mini-Club“. Die Kursgruppen treffen sich einmal pro Woche und bleiben oft über mehrere Semester zusammen - solange, bis die Kinder in den Kindergarten gehen. Meist sind die Kinder im selben Alter: so ist die Situation für die Eltern vergleichbar, allerdings entsteht so auch leichter ein Konkurrenz- und Leistungsdruck.

Es gibt Eltern-Kinder-Gruppen die nach einem frauenzentrierten Ansatz arbeiten, d. h., das Kontakt- und Gesprächsinteresse der Frauen steht im Vordergrund. Sie werden dabei mehr in ihrer Rolle als Frau angesprochen, gesellschaftspolitische Fragen wie z. B. die Vereinbarkeit von Familie und Beruf stehen dabei im Vordergrund. In den Kursen, die eher kinder- bzw. mütterzentriert arbeiten, geht es mehr um die Interessen des Kindes. Sing-, Spiel- und Bastelangebote werden von den Kursleiterinnen pädagogisch aufbereitet. Freies Spiel, in dem Väter und Mütter Beobachtungsaufgaben haben oder auch Zeit für Gespräche, wechselt mit gemeinsamen Spielen, Singen oder auch einem gemeinsamen Essen ab.

In den letzten Jahren haben sich auch an vielen Familien-Bildungsstätten Väter-Kinder-Kurse etabliert, die die Männer in ihrer Familien- und Erziehungsrolle ansprechen. Meist werden diese Kurse auch von männlichen Kursleitern angeboten und geleitet.

In der Praxis der Familienbildung findet sich häufig eine Konzeption realisiert, die Erwartungen und Bedürfnisse von Müttern und Vätern und Kindern gleichermaßen einzubeziehen. So beschreiben Mitarbeiterinnen der Familienbildung in Berlin ihre Arbeit:

> „Wir - die Mitarbeiterinnen der Familien-Bildungsstätte - gehen aus eigener Erfahrung davon aus, daß es heute nicht leicht ist, Familie zu leben, und daß Familien nicht erst dann andere Familien brauchen, wenn die Kinder gelernt haben ... Die Treffpunkte nach der Geburt und die Eltern-Kind-Gruppen geben Gelegenheit, miteinander zu spielen, zu feiern, sich gegenseitig zu unterstützen, Schwierigkeiten in der Familie zu bearbeiten. Uns geht es dabei immer um beide: um Eltern und Kinder. Zum einen können die Kinder erste Kontakte zu anderen erleben; zum anderen haben die Erwachsenen die Möglichkeit, Kinder und Erwachsene in gleicher Situation kennenzulernen, wobei es uns auch - gerade an den Gesprächsabenden - um die Erwachsenen in ihrer Rolle als Mutter und Vater, aber auch als Frau und Mann geht.
> Wir Mitarbeiterinnen gehen nicht von einem starren Familienbild aus; wir werden auch nicht sagen, wie Kinder richtig oder falsch erzogen werden. (Wir halten uns eher an den Satz: Was nützt die beste Erziehung, die Kinder machen uns doch alles nach!) Wir glauben allerdings, daß jeder in der Familie einen

> Anspruch auf Wohlbefinden und Glück hat. Unser Hauptanliegen ist es – als Gegengewicht zu der Flut von Ratschlägen, die heute auf Eltern einstürmen – die Kompetenz von Eltern zu stärken, ihre Eigeninitiative zu fördern, dabei Orientierungs- und Lernhilfen zu geben und gemeinsam herauszufinden, was zum Leben hilft. Von Anfang an sollen die Eltern mitbestimmen, was in der Gruppe geschieht, ihre unterschiedlichen Fähigkeiten einbringen und sich auch für die ungeliebten praktischen Tätigkeiten mit verantwortlich fühlen ..."

Die Eltern-Kinder-Arbeit stellt an die Kursleiter/innen, die meist ausgebildete Erzieher oder Erzieherinnen sind, hohe Anforderungen an die fachliche und soziale Kompetenz:

- pädagogische Fähigkeiten im Umgang mit Kindern,
- Anregungen für den Erziehungsalltag geben,
- Reflexion der Leitungsrolle,
- hohe kommunikative Kompetenz, Einfühlungs- und Wahrnehmungsvermögen,
- Kenntnis der Lebenssituation junger Familien,
- Fähigkeiten und Kenntnisse im Bereich der Gruppendynamik und Gruppenprozesse,
- Methodenkompetenz.

Die Kursleiter/innen melden dabei selbst Weiterbildungsbedarf für folgende Themen an:

- Problematisierung des Leistungsdrucks in der Kursarbeit,
- Frau sein, Mutter sein, Partnerin sein in der Phase der Erstlingselternschaft,
- Trennung und Distanz vom Kind lernen,
- bei privaten, familiären Problemen auf die gesellschaftlichen Rahmenbedingungen verweisen (Entlastung),
- Arbeit am eigenen Mutterbild/Vaterbild.

Religionspädagogische Aspekte der Eltern-Kind-Arbeit

Erziehung von Kindern geht von bestimmten Normen aus, geschieht auf der Grundlage von Werten und hat daher immer auch eine religiöse Dimension. Welche Normen und Werte werden Kindern im alltäglichen Umgang miteinander vermittelt? Welche Grunderfahrungen, die von christlicher Haltung geprägt sind, machen Kinder?

Für Kinder in den Eltern-Kinder-Gruppen stehen auf Grund ihrer sprachlichen und kognitiven Entwicklungsstufe noch nicht so sehr biblische Geschichten, Gebete und religiöse Verhaltensweisen im Vordergrund. Sondern soziale Erfahrungen, die Kinder in der Familie und der Eltern-Kinder-Gruppe machen, können unter theologischen Gesichtspunkten analysiert und daraufhin akzentuiert werden.

Folgende *Grunderfahrungen* sind unverzichtbar:

- ich bin angenommen und geliebt so wie ich bin;
- ich darf Fehler machen, darf unvollkommen sein;
- ich kann stark und schwach sein;
- ich kann an jeder Stelle neu anfangen;
- ich bin nicht allein, ich habe ein Zuhause;
  es gibt andere Menschen für mich, hier und anderswo;
- ich bin wichtig für andere Menschen und werde gebraucht.

Diese Grunderfahrungen sind zugleich Aussagen des christlichen Glaubens, und es kommt darauf an, diesen christlichen Hintergrund transparent zu machen; erlebbar und erfahrbar im Umgang mit Eltern und Kindern.

Konkrete Anlässe können sein:

- Gespräche über Geburt, Taufe, Tod, Trauer, Krankheit, Ernstnehmen der Fragen von Kindern;
- Feste wie Weihnachten, Nikolaus, Ostern;
- gemeinsame Mahlzeiten mit einem Lied oder Gebet beginnen;
- Tiergeschichten, die indirekt religiösen Inhalt haben: Rücksicht nehmen, sich gegenseitig helfen, das Zusammenleben gestalten;
- altersgemäßer Umgang mit biblischen Geschichten;
- Vorbereitung von Familiengottesdienst durch Gruppe mit gemeinsamen Frühstück. Wichtig ist dabei zu beachten: wo steht die Gruppe - welche Formen sind ihr angemessen?

Häufig beobachten die Kursleiter und Kursleiterinnen Berührungsängste der Teilnehmer/innen gegenüber Kirche. Deshalb ist eine behutsame Öffnung für diese Themen notwendig.

Was bedeutet das für die Mitarbeiter/innen in der Familienbildung ?

- hörfähig werden für Fragen nach Sinn, der Ethik (Zukunft der Kinder);
- sprachfähig werden, d. h. religiöse Inhalte „übersetzen“ in unsere heutige Sprache;
- aussagefähig werden, d. h. bewußter pädagogische Ziele mit Grunderfahrungen des Glaubens verbinden.

These: Eltern-Kinder-Gruppenarbeit als Fachbereich der evangelischen Familienbildung ist Gemeindeaufbau - auch wenn die Teilnehmer der Kurse nicht im Gottesdienst erscheinen!

Eltern in der Eltern-Kinder-Gruppenarbeit sind in der ersten Familienphase meist auf der Suche nach neuen Orientierungen, offen und sensibel für Fragen nach Grundlagen des Lebens, haben Interesse an religiösen Fragen. Als Teilnehmer/innen an den Kursen einer evangelischen Bildungseinrichtung kommen viele zum ersten Mal nach langer Zeit wieder mit Kirche in Berührung. Abbau von Schwellenängsten und Vorurteilen ist dann möglich, wenn sie eine offene, annehmende Atmosphäre und Einstellung vorfinden. Leichte, fließende Übergänge in die kirchliche Gemeindearbeit sind möglich, z. B. durch die Beteiligung an Gemeindefesten, an Taufseminaren, durch die Vorbereitung eines Familiengottesdienstes.

Abendmahl mit Kindern

Ulrich Fischer

Auf dem Weg zu einer kinderfreundlichen Abendmahlspraxis

Über einige Jahrhunderte war das Kennzeichen reformatorischer Kirchen eine „kinderfreie" Abendmahlspraxis. Durch die Ausgrenzung der Religionsunmündigen vom Abendmahl wurde die Praxis des Abendmahls in den reformatorischen Kirchen sowohl theologisch wie auch psychologisch geprägt: Ging es um das vollständige Verstehen, das intellektuelle Erfassen dessen, was Abendmahl bedeutet, so wurde die reformatorische Abendmahlspraxis verkopft und durch die Reduzierung auf den Aspekt der Sündenvergebung mit einer bedrückenden und traurigen Stimmung belastet. Erste Aufbrüche aus dieser Engführung reformatorischer Abendmahlspraxis geschahen im Gefolge der Arnoldshainer Abendmahlsthesen von 1957, in denen - unter Aufnahme exegetischer Arbeit am Neuen Testament - die Fülle und Vielfalt im Abendmahlsverständnis neu entdeckt wurde.

Hinzu kam, daß durch die ökumenische Diskussion der 70er und 80er Jahre die Bedeutung der Sakramente und der Wert kirchlicher Symbolhandlungen sowie die exponierte - weil im Grunde unökumenische - Abendmahlspraxis der reformatorischen Kirchen ins Bewußtsein gerufen wurden. Als Ergebnis dieser ökumenischen Diskussion ist festzuhalten, daß nach neutestamentlichem Befund Vorbedingungen für die Teilnahme am Abendmahl *nicht* genannt werden und nach ökumenischem Verständnis die *Taufe* die entscheidende Voraussetzung für die Teilnahme am Abendmahl ist. Von diesem Befund her ist die von den reformatorischen Kirchen praktizierte Spätzulassung von jungen Erwachsenen zum Abendmahl als eine Besonderheit in der Ökumene zu bezeichnen. Dies wird besonders deutlich, wenn man sich vergegenwärtigt, daß bis zum 11. Jahrhundert die christliche Kirche mit der Taufe die nachfolgende Erstkommunion verbunden hatte, d. h. die Säuglingskommunion gängige Praxis war. Erst mit der Dogmatisierung der Transsubstantiationslehre von 1215 fand die Säuglingskommunion praktisch ihr Ende.

In den 70er Jahren wurden seitens der evangelischen Kirchenleitungen und Synoden aus diesen Erkenntnissen und aus den geführten theologischen Diskussionen Konsequenzen gezogen – derart, daß in vielen evangelischen Landeskirchen Kindern grundsätzlich die Zulassung zum Abendmahl gewährt wurde. Bei dieser Einladung an die Kinder ging es allerdings nicht um die Wiederherstellung der altkirchlichen Säuglingskommunion. Vielmehr ging man allgemein davon aus, daß der Erstkommunion unabhängig vom Lebensalter eine angemessene Unterweisung vorangehen muß. Damit kommt den Bezugspersonen der Kinder eine besondere Bedeutung zu.

Interessant ist ein Blick auf den Synodalbeschluß der Evangelischen Landeskirche in Baden vom 21. Oktober 1977. In ihm heißt es:

> „1. Voraussetzung für die erste Teilnahme Getaufter am Abendmahl in der Gemeinde ist unabhängig vom Lebensalter eine angemessene Vorbereitung und Einweisung.
> 2. Die Vorbereitung geschieht normalerweise im Rahmen des Konfirmandenunterrichts [...]
> 4. Mit Genehmigung des Ältestenkreises können Konfirmanden auch bereits im Verlauf des Konfirmandenunterrichts die Erlaubnis erhalten, am Heiligen Abendmahl teilzunehmen.
> 5. Mit Genehmigung des Ältestenkreises können Kinder im früheren Alter, etwa ab Grundschulalter, nach angemessener Vorbereitung am Heiligen Abendmahl teilnehmen. Beim ersten Abendmahlsgang sollen sie von verantwortlichen Bezugspersonen begleitet werden [...]“

Dieser Synodalbeschluß ist in seiner restriktiven Diktion noch deutlich von dem Bemühen gekennzeichnet, die Zulassung von Kindern zum Abendmahl lediglich als die Ausnahme von der Regel zu kennzeichnen. Seit Ende der 70er Jahre aber haben viele Gemeinden so bereichernde Erfahrungen mit der Teilnahme von Kindern am Abendmahl gemacht und die Abendmahlszulassung von Kindern als große Chance eines generationsübergreifenden Gemeindeaufbaus entdeckt, daß es dem Evangelischen Oberkirchenrat im Jahr 1995 geboten erschien, neue Ausführungsbestimmungen zu diesem Synodalbeschluß zu erlassen, durch die nun deutlicher einladend die Freiräume beschrieben wurden, die der Synodalbeschluß von 1977 eröffnete.

So werden in diesen Ausführungsbestimmungen von 1995 Ältestenkreise und Gemeinden „ermutigt, durch die Zulassung von Kindern zum Abendmahl einen wichtigen Schritt zum Gemeindeaufbau und zur Gestaltwerdung einer einladenden, missionarischen und ökumenischen Volkskirche zu gehen". Besonderes Gewicht wird auf die Rolle der Eltern und Paten bei der Zulassung von Kindern zum Abendmahl gelegt, wenn es heißt:

> „Kinder nehmen unter Verantwortung ihrer Eltern und/oder Paten, Konfirmanden und Konfirmandinnen unter Verantwortung des Ältestenkreises, Konfirmierte in eigener Verantwortung am Abendmahl teil."

Auch wird darauf hingewiesen, daß Kinder bei der Einladung zum Abendmahl einer „angemessenen Begleitung" bedürfen, wobei einen besonderen Stellenwert die „vorbereitende Begleitung durch Eltern, andere Familienangehörige und Paten, die selbst am Abendmahl teilnehmen", hat.

> „Eltern und Paten sind auf die Einladung der Kinder zum Abendmahl anzusprechen, vorzubereiten und daran zu beteiligen. Dies kann geschehen bei Taufgesprächen bei der Vorbereitung von Taufen und Tauferinnerungsfesten sowie im Rahmen der Elternarbeit. Bei alledem ist zu bedenken: Kinder werden den Reichtum des Abendmahls vor allem im gemeinsamen Feiern erfahren."

Mit diesen Ausführungen ist der Rahmen beschrieben und vorgegeben, in dem das Abendmahlsfeiern mit Kindern mit der Gemeinde und mit der Familie seinen Ort hat.

Abendmahl als Fest der familia dei

Die Bedeutung, die sich aus der Einladung von Kindern zum Abendmahl für die Kirche ergibt, muß zum einen im Rekurs auf biblische Traditionen bestimmt werden, zum anderen aus dem Blick auf die Wirkungen, welche die Teilnahme von Kindern am Abendmahl auf die Gemeinde hat. Die Bedeutung ist also sowohl biblisch-theologisch wie pragmatisch und praktisch-theologisch zu explizieren.

Unter dem ersten Gesichtspunkt ist auf *Grundaussagen der Verkündigung Jesu* zu verweisen, nach denen Gott sich nicht den Weisen und Klugen (Mt 11,25), den Gesunden (Lk 5,31), den Reichen (Mt 19,23) und den Gerechten (Lk 18,9), sondern den Mühseligen und Beladenen (Mt 11,28), den Armen und Ohnmächtigen (Mt 5,3.5), den Außenseitern (Mk 7,26) und Verachteten (Lk 15,2) offenbart hat. Ferner ist daran zu erinnern, daß Jesus den Zugang zum Himmelreich nicht vom Vorhandensein intellektueller oder moralischer Fähigkeiten abhängig gemacht, sondern sich gerade den Einfältigen und Unmündigen (Mt 11,25; 21,16), den „Kleinen“ (Mt 18,14) und den Kindern (Mt 18,2; 21,15f.) zugewandt hat. Die Kinder werden von Jesus nicht nur gesegnet (Mk 10,13ff.), sie werden von ihm geradezu beispielhaft in die Mitte gestellt (Mt 18,3ff.; Mk 10,15). Eine Kirche, die sich als evangelische Kirche versteht, also als Kirche auf der Spur des Evangeliums, muß diese Wertschätzung der Kinder auch in ihrer gottesdienstlichen Praxis zum Ausdruck bringen. Dies kann sie nicht ausschließlich dadurch, daß sie Kinder tauft, sondern sie muß die Zuwendung zu den Kindern besonders auch durch eine Praxis des Lebens der Gemeinde Gestalt werden lassen, in der vom Kind her gedacht und gehandelt wird. Abendmahl ohne Kinder beraubt Kirche in einem ganz wesentlichen Punkt ihrer Verwurzelung im Evangelium. Wo denn sonst kann die Option Jesu für die Kinder klarer und evangeliumsgemäßer ihren Ausdruck finden als in der Feier des Abendmahls?

Auch vom *paulinischen Gemeindeverständnis* her ist die Teilnahme von Kindern am Abendmahl als Notwendigkeit einer biblisch orientierten Gemeindepraxis zu beschreiben. Sowohl die Charismenlehre des Paulus wie auch sein Verständnis der Gemeinde als eines Leibes mit vielen Gliedern verdeutlichen, daß christliche Gemeinde sich selbst amputiert, wenn sie auf die Charismen der Kinder verzichtet oder die „kleinen Glieder“ am Leibe Christi vom Zentrum gottesdienstlichen Feierns ausschließt.

Wie sehr die Charismen der Kinder das Abendmahlsfeiern einer Gemeinde verändern und bereichern, das zeigt nun von der anderen Seite her ein Blick auf die *gottesdienstliche Praxis*: Mit der Unbefangenheit der Kinder, mit ihrer Fähigkeit, Dankbarkeit zu zeigen, kommt ein Grundzug des Abendmahls zum Leuchten, der in der überkommenen evangelischen Abendmahlspraxis fast völlig verlorengegangen war, nämlich der Geschenkcharakter des Mahles, der zur Freude der Beschenkten befreit. Gerade durch die Teilnahme von Kindern am Abendmahl wird die Engführung des Abendmahlsverständnisses als eines Mahles der Sündenvergebung aufgebrochen. Aber auch dieses Verständnis selbst erfährt durch die Teilnahme von Kindern insofern eine Modifikation, als nicht mehr so sehr der Ernst der Buße im Vordergrund steht, sondern die Freude über die „geschmeckte“ Annahme.

Ein weiterer Aspekt des „Gemeindelernens“ kommt darin zum Ausdruck, daß durch die Teilnahme von Kindern die Gemeinde selbst auch von dem Zwang eines bloß intellektuellen Erfassens des Abendmahls befreit wird. Wenn die Kinder nicht im vollen Sinn verstehen, was das Abendmahl bedeutet, wenn sie mehr fühlend und glaubend das Geschenk des Abendmahls annehmen, ohne nun alle theologischen Implikationen dieser Feier zu erfassen, so befreit dies auch Erwachsene zu einem eher emotional-glaubensmäßigen Zugang zur Abendmahlsfeier. Durch die Teilnahme der Kinder werden Erwachsene daran erinnert, daß auch sie selbst das im Abendmahl verborgene göttliche Geheimnis niemals vollständig begreifen können. Zugespitzt: Das Unfertigsein der Kinder befreit Erwachsene, ihr eigenes Unfertigsein anzunehmen. Und so feiert die Gemeinde in der Solidarität der auf Gnade Angewiesenen gemeinsam das Mahl.

Ferner sei darauf verwiesen, daß eine Kirche, die sich zur Praxis der Kindertaufe bekennt, sich den *Skandal einer Sakramentsverweigerung* für die in ihr Getauften nicht länger wird leisten können, wenn sie wirklich beide Sakramente in gleicher Weise wertschätzt. Die Kindertaufe impliziert für die Kirche die Pflicht, den Weg der Getauften so zu gestalten, daß aus der Taufe eine lebendige Beziehung zu Jesus Christus erwächst. Um diese lebendige Beziehung entstehen zu lassen, bedarf es – neben vielem anderen – auch einer kindgemäßen gottesdienstlichen Praxis, in der die Gemeinschaft mit Jesus Christus im gemeinsamen Singen, Beten und Feiern des Abendmahls erfahrbar wird. Gerade wer in der Form der Kindertaufe eine angemessene Praxis des Taufsakraments sieht, darf Kindern den Weg zum anderen Sakrament unserer Kirche nicht verwehren.

Schließlich hat die Teilnahme von Kindern am Abendmahl auch für die *Praxis der Konfirmation* eine besondere Bedeutung. Schon der Konfirmandenunterricht mit „in Abendmahlsfeiern erfahrenen“ Konfirmanden und Konfirmandinnen ist wesentlich fruchtbarer, weil der Unterricht über das Abendmahl an Erfahrungen aus der Kinderzeit anknüpfen kann. Die Deutung von Erfahrenem ist didaktisch weitaus leichter und effektiver zu vermitteln als eine Lehre, die durch keinerlei eigene Erfahrung abgedeckt ist. Auch wird durch die Teilnahme von Kindern am Abendmahl die Konfirmation zu seiner Eigentlichkeit hin geläutert. Es wird jeder Anschein vermieden, als ginge es bei der Konfirmation um einen Akt der Abendmahlszulassung oder eine Erstkommunion. Vielmehr kann durch das frühzeitige Abendmahlsfeiern im Kindesalter die Konfirmation endlich als das gefeiert werden, was sie ihrem Wesen nach sein sollte: Bestätigung der Taufe durch das eigene, begründete Ja des Täuflings. Die Teilnahme von Kindern am Abendmahl beraubt die Konfirmation nicht ihres Eigentlichen, sondern ermöglicht es, dieses Eigentliche nun wieder neu ins Zentrum zu stellen.

Mit den Eltern auf dem Weg

Bei Überlegungen über die Wirkungen der Teilnahme von Kindern am Abendmahl auf die Familie ist zu differenzieren - einerseits zwischen dem Prozeß der Vorbereitung und dem eigentlichen Feiern des Abendmahls, andererseits hinsichtlich der Wirkung auf die einzelnen Familienmitglieder.

Nicht nur vom gemeinsamen Abendmahlsfeiern gehen Wirkungen für die Kinder und die Erwachsenen innerhalb einer Familie aus. Schon die *Vorbereitung* auf das erste Abendmahl, die altersgemäße Hinführung und Begleitung der Kinder zum Abendmahl ist von hohem religionspädagogischem Wert. So können Kinder im Kindergarten, im Kindergottesdienst oder im Religionsunterricht durch thematische Arbeit auf das Abendmahl hingeführt und mit einzelnen Aspekten des Abendmahls vertraut gemacht werden. Hierbei wird es um Vermittlung von Elementarem gehen, und gerade in diesem Elementaren erschließt sich Wesentliches über das Abendmahl und über den christlichen Glauben. Indem Kinder dies im Vorbereitungsprozeß Erlernte zu Hause mit den Eltern kommunizieren, entsteht eine Basis des gemeinsamen Verstehens, die wichtig ist für das gemeinsame Abendmahlsfeiern.

Darüber hinaus gibt es aber vielfältige Möglichkeiten, Eltern selbst auf dem Weg zum ersten Abendmahlsgang mit ihrem Kind zu begleiten, so besonders in der Arbeit mit Taufeltern und in der Kindergartenelternarbeit. Wichtig ist, daß Eltern zu den Angeboten der Gemeinde zu solcher begleitenden Vorbereitung in angemessener Weise eingeladen werden. Bei einer solchen Einladung ist darauf hinzuweisen, daß Kinder, die am Abendmahl teilnehmen, auf die Begleitung durch Erwachsene angewiesen sind, daß das Gespräch der Eltern mit dem Kind über das Abendmahl eine besondere Bedeutung hat, daß aber vor allem die eigene Teilnahme der Eltern dafür sorgt, daß ein Kind den Reichtum des Abendmahls im gemeinsamen Feiern erleben kann. Die Angebote der Gemeinde müssen in diesem Zusammenhang als Hilfe dargestellt werden, den Eltern die Begleitung ihres Kindes zu erleichtern.

So kann z. B. in einem Elternseminar die Erinnerung an Feste in der eigenen Kindheit geweckt werden. Es kann miteinander reflektiert werden, was es für die Erwachsenen bedeutet, heute ein Fest mit dem eigenen Kind gemeinsam zu feiern. Erinnerungen an Gefühle beim ersten eigenen Abendmahlsgang sind ebenso zu klären wie das derzeitige Verständnis des Abendmahls.

Weiter könnte in der Konfrontation mit einem Text der Evangelien die Evangeliumsgemäßheit einer kinderorientierten Abendmahlspraxis bewußt gemacht werden. Schließlich wären Informationen über den „Verlust der Kinder“ beim Abendmahl zu vermitteln und Anregungen für die Gestaltung eines Abendmahlsgottesdienstes mit Kindern zu sammeln. Ziel eines solchen Elternseminars wäre es, durch die Klärung der eigenen, durch Erfahrung gewonnenen Position Voraussetzungen für eine Abendmahlspraxis zu schaffen, bei der die Erwachsenen sich nicht einfach besinnungslos den Bedürfnissen der Kinder ausliefern, sondern ihnen als reflektierte Partner begegnen.

Hinsichtlich des *gemeinsamen Abendmahlsfeierns* ist zunächst der Blick auf das Kind zu lenken. Das Wichtigste im Kinderleben ist die Erfahrung: „Ich gehöre dazu. Ich darf dabeisein.“ Kinder erleben im Prozeß ihres Aufwachsens an verschiedenen Stellen die Zulassung zu einem neuen Erlebnisfeld. Zunächst ist da der Kindergarten, dann darf zum ersten Mal eine bestimmte Sendung im Fernsehen gesehen werden, dann das erste Übernachten bei einer Freundin, dann die erste Teilnahme an einem Kindergottesdienst, dann der Schritt in die Schule. In die Reihe dieser Erstzulassungen zu neuen Erfahrungen des Lebens gehört auch die Zulassung zum Abendmahl. Mit dieser Zulassung erfährt das Kind, daß es ganz zu Gott gehört, daß es nicht zu klein ist. Dieses Dazugehören als das Dazugehören einer gleichberechtigten Person erfährt das Kind beglückend im Teilen von Brot und Kelch. Damit erfährt das Kind zugleich – gleichgültig, ob es dies bereits verbal ausdrükken oder intellektuell deuten kann – einen wesentlichen Grundzug des Evangeliums.

Anders stellt sich das gemeinsame Feiern des Abendmahls für die erwachsenen Familiemitglieder dar. Zunächst einmal gilt das im zweiten Teil über das Lernen der Gemeinde Gesagte insofern, als die Erwachsenen in der Konfrontation mit der Teilnahme ihrer Kinder am Abendmahl die Relativität ihres eigenen Abendmahlsverständnisses erleben und mit ihren Kindern zu Lernenden werden. Sodann aber ist für Eltern, Großeltern und Paten die Erfahrung von hohem Wert, vom Kind bzw. Enkelkind beim Abendmahl im Brot und im Kelch Lebenswichtiges gereicht zu bekommen. Damit erfahren sie ihr Kind als ein eigenes, dem Erwachsenen gegenüber gleichgestelltes Subjekt. Sie sehen ihr Kind als Glied in einer Kette, in der einer dem anderen „das Wasser reicht“. Damit wird das Abendmahlsfeiern mit Kindern für die Erwachsenen zum Ort, an dem sie im vollsten Sinne Gemeinde leben lernen.

Die Vorbereitung auf das erste Abendmahl der Kinder und das gemeinsame Abendmahlsfeiern der Familie sind also sowohl von dem zu initiierenden religionspädagogischen Prozeß als auch von seinem religiösen Erlebnisgehalt her Ereignisse, die das Verhältnis der Eltern zu ihren Kindern nachhaltig prägen und verändern können. Als wechselseitig voneinander Lernende erfahren sich Erwachsene und Kinder beim Abendmahl in einer „Lerngemeinschaft des Glaubens".

Literatur:

EVANGELISCHER OBERKIRCHENRAT (Hg.): Abendmahl feiern mit Kindern – Eine Arbeitshilfe.

TREIBER, M. (1996): Abendmahlszulassung für Kinder, in U. FISCHER u. a.: Gelegenheit macht Gottesdienst – Liturgische Hilfen für lebensgeschichtliche Anlässe, Stuttgart, S. 62-74.

Konfirmandenunterricht mit Eltern

Elizabeth und Friedhelm Voges

Eltern in die Konfirmandenarbeit einzubeziehen, ist schon oft und auf sehr unterschiedliche Weise versucht worden. Insofern folgt der hier vorgestellte Ansatz einer bekannten Richtung. Worin er sich von den meisten Modellen unterscheidet, ist die Altersgruppe, mit der gearbeitet wird. Wir schildern praktische Erfahrungen aus der Arbeit mit Eltern in einem Vorkonfirmandenunterricht, der ins Grundschulalter vorgezogen wird. In den - zumeist norddeutschen - Landeskirchen, die eine zweijährige Konfirmandenzeit kennen, ist das eine realistische Alternative: Hier finden sich allmählich Gemeinden, die im 4. und dann im 8. Schuljahr unterrichten. Wo der Konfirmandenunterricht nur ein Jahr umfaßt, wird man diese Form dagegen nicht so einfach übernehmen können.

Dieses Modell vorzustellen, kann aber ohnehin nicht heißen, für eine kopierende Übernahme zu werben. Die Besonderheit der jeweiligen örtlichen Verhältnisse sorgt fast von allein für die nötigen Adaptionen. Was einst in Hoya an der Weser entstand, existiert heute in durchaus unterschiedlichen Formen. Aber die Erfahrungen aus der Arbeit mit Grundschülern und ihren Eltern zur Kenntnis zu nehmen, dürfte in jedem Fall nützlich sein. Daß Kinder im 4. Schuljahr auf andere Weise religiös ansprechbar sind als herkömmliche Konfirmanden, ist ohnehin bekannt. Daß sich auch ihre Eltern zu einem starken Engagement motivieren lassen, ist daneben des Hinhörens wert.

Bei der Arbeit mit Kindern aus der Grundschule fällt natürlich die Parallele zur katholischen Vorbereitung auf die Erstkommunion auf, die ebenfalls in diesem Alter geschieht. In der praktischen Entstehung des hier vorzustellenden Modells hat das katholische Vorbild aber nur eine geringe Rolle gespielt. Im protestantischen Norden hat es einfach zahlenmäßig ein zu geringes Gewicht. Außerdem gibt es beträchtliche Unterschiede: Im vorgezogenen Konfirmandenjahr wird bewußt nur der erste Teil eines Unterrichts erteilt, der dann mit 13-14 Jahren seine Fortsetzung findet. Die Begleitung der jungen Menschen in der Pubertätszeit bleibt wichtig. Auch dürfte in den meisten Gemeinden die Rolle der beteiligten Eltern eine andere sein. Hier wird weniger mit vorbereitetem Material gearbeitet als in vielen katholischen Gemeinden, so daß die Eigeninitiative der Elterngruppe stärker zum Tragen kommen kann. Daß hier wie dort die gleiche Altersgruppe angesprochen wird, ist trotzdem schwerlich ein Zufall. Wahrscheinlich spielt hier eine gewisse Logik der religiösen Entwicklung in diesem Alter ihre Rolle.

Entstanden ist diese Art des Konfirmandenunterrichts vor etwa 20 Jahren in Hoya an der Weser. Am Anfang stand die Praxis, doch hat es inzwischen auch einige theoretische Unterfütterung gegeben (MEYER-BLANCK 1993, MEYER-BLANCK/KUHL 1994). In Hoya hatte Pastor Hans-Wilhelm HASTEDT eine Tochter im dritten Schuljahr, die ihm viele religiöse Fragen stellte. Die Antworten wurden von den Eltern erwartet, nicht von den Lehrern.

> „Wir haben eine Chance darin gesehen, daß diese Fragen an uns Eltern gerichtet wurden und nicht an andere, die schon ein Stück Ablehnung und Distanz in die religiösen Fragen hineinbrachten. Andere Eltern machten damals dieselbe Erfahrung. Die Kindern fragten: Katholisch, was ist das eigentlich? Oder Sterben, was geschieht da? Was heißt eigentlich: Er ist verdammt? Was geschieht in der Taufe?“ (RELLER/GROHMANN 1985)

Die Arbeit mit den Kindern

Unterrichtsort ist je nach örtlicher Gegebenheit das Gemeindehaus oder auch das Wohnzimmer bzw. die Küche der Unterrichtenden. Dabei kann die Gruppengröße bei den einzelnen Müttern von sechs bis zehn variieren. Sechs Kinder sind allerdings fast schon zu wenig, um etwa bei Krankheit von einem oder zwei Gruppenmitgliedern noch eine Gesprächsgrundlage zu haben. Bei zehn kommt man andererseits an eine obere Grenze. Aber es kann natürlich vorkommen, daß z. B. die Kinder einer bestimmten Nachbarschaft unbedingt zusammenbleiben wollen.

Gerade zu Hause kann sich diese Art der Konfirmandenarbeit vom schulischen Religionsunterricht in mancherlei Weise unterscheiden. Nicht zuletzt ist es möglich, auf problematische Kinder besonders einzugehen. Das gilt sowohl für die stillen wie für die lauten Kinder. Anders als in der Schule hat es sich gut bewährt, jeweils mit einer Zeitstunde zu arbeiten. So bleibt

Raum, neben der Behandlung und Vertiefung des Themas auch der persönlichen Dimension Raum zu geben. Am Anfang oder Ende der Stunde wird jeweils gesungen bzw. gebetet. Gerade hierin sind die Mitarbeiterinnen am Anfang oft unsicher und brauchen Hilfestellung. Aber es ist erstaunlich, wie rasch sich diese Unsicherheit meist legt. Um das Singen zu unterstützen, ist es sinnvoll, eine Kassette mit den jeweiligen Liedern zu besingen. Dazu wird es in jeder Gemeinde die nötigen musikalischen Talente geben. Über das Beten - gerade auch in der Gruppe - muß im Elternkreis gesprochen werden. Auch dort hat es am Anfang bzw. am Schluß seinen Platz. Man kann nicht Kindern weitergeben, was man selbst nicht praktiziert.

Auf eine gute Resonanz auch bei den Eltern stoßen in dieser Altersgruppe die Freizeiten. Ein zehnjähriges Kind wird von zu Hause anders begleitet als drei bis vier Jahre später ein Teenager. Wenn gegen Schluß des ersten Jahres im Rahmen eines Wochenendes das Tischabendmahl anstand, kamen in der Regel zu dieser Feier fast alle Eltern und oft auch Paten und Großeltern. Bei dem eher zurückhaltenden Umgang norddeutscher Frömmigkeit mit dem Abendmahl ist dies besonders festzuhalten. Den Abschluß des Vorkonfirmandenjahres bildet wohl in allen beteiligten Gemeinden ein festlicher Gottesdienst, in dessen Rahmen zumindest ein Teil der Kinder getauft wird, bei denen das nicht im Säuglingsalter geschehen war. Jetzt vollzieht sich die Taufe in der Mitte des Jahrgangs und damit in sehr augenfälliger Weise in die Gemeinde hinein. Es ist ein schönes, sinnfälliges Bild, wenn davon drei oder vier Kinder getauft werden, während vierzig andere den Taufstein umringen.

Die Zwischenzeit

Zwischen den beiden Unterrichtsjahren liegen das fünfte, sechste und siebte Schuljahr. Es ist gut, in dieser Zeit einen lockeren Kontakt zu halten. Mitunter kommt es vor, daß die Elterngruppe weitermacht und gelegentliche Angebote für die Kinder ihres Jahrgangs organisiert. Aber damit kann man nicht einfach rechnen. Sinnvoll und zugleich arbeitsökonomisch günstig ist es, die „Zwischenjahrgänge“ in den Gemeindealltag einzubinden. Das Krippenspiel am Heiligen Abend z. B. muß ohnehin eingeübt werden. Hier hat es sich sehr bewährt, mit dem fünften und sechsten Schuljahr zu arbeiten - natürlich auf freiwilliger Grundlage. Nicht jeder hat Lust; nicht jeder ist am

Heiligen Abend zu Hause. Sinnvoll ist auch eine Einladung zum Gemeindefest, bei dem die Gruppe vielleicht einen kleinen Stand betreuen kann. Zum Abschlußgottesdienst des jeweils laufenden Jahrgangs lassen sich die Ehemaligen ebenfalls gut einladen. Wo es in der Gemeinde eine Jungschararbeit gibt, kann sie durch diese Kinder einen guten Auftrieb bekommen. Aber das bietet sich nicht überall an.

Hans-Wilhelm HASTEDT erkannte die Chance, die sich hier bietet. Im vierten Schuljahr - vereinzelt wird auch im dritten oder im fünften Jahr unterrichtet - kommen zwei Dinge zusammen, die das herkömmliche Konfirmandenalter so nicht mehr bietet. Viele Eltern haben eine erstaunliche Bereitschaft, sich auf die Fragen ihrer Kinder einzulassen, selbst wenn sie in der Sache unsicher sind. Die Kinder aber stecken noch nicht in der Pubertät und reagieren auf Mutter oder Vater als Unterrichtsperson meist positiv. Nicht selten tritt sogar ein gewisser Stolz zutage. „Meine Mutter nimmt sich die Zeit und tut das für mich!"

Aus solchen Überlegungen wurde in Hoya ein Modell entwickelt, dessen zwei Grundprinzipien heute in vielen anderen Gemeinden, besonders der Hannoverschen Landeskirche, praktiziert werden. Das Vorkonfirmandenjahr wird auf das Grundschulalter vorgezogen, so daß dann mit 14 nur noch ein Jahr Unterricht nötig ist. Während des ersten Jahres aber erteilen Eltern in der Regel dreimal pro Monat den Unterricht in kleinen Gruppen, während der Pastor oder die Pastorin nur einmal im Monat direkten Kontakt mit den Kindern hat. In den übrigen Wochen wird statt dessen im Gespräch mit den Eltern die jeweils nächste Stunde erarbeitet. Es sind diese beiden Grundprinzipien, die das Modell eigentlich ausmachen und die sich von Hoya aus verbreitet haben. In der konkreten Gestaltung - nicht zuletzt in der Auswahl des Unterrichtsstoffs - gibt es dagegen inzwischen eine beachtliche Bandbreite (MEYER-BLANCK/KUHL 1994, EEB-Service-Paket 1996).

Die Kinder bzw. später Jugendlichen bekommen es also zweimal intensiv mit ihrer Kirche zu tun. Beim ersten Mal sind sie noch im „Geschichtenalter". Sie sind gern bereit, sich auf biblische Geschichten einzulassen und diese spielerisch zu vertiefen. Die Situation der kleinen Gruppe bietet dazu andere Voraussetzungen als etwa der schulische Religionsunterricht, der hier eine sinnvolle Ergänzung, aber keine Konkurrenz erhält. Das zweite Ansetzen erfolgt mit 14 Jahren: Jetzt steht eher das Fragen und das Diskutieren im Vordergrund. Diese Phase darf auf keinen Fall dadurch unterschlagen werden, daß man - etwa wegen der „pflegeleichteren" Kinder -

auch das zweite Unterrichtsjahr vorzieht. Es bleibt wichtig, junge Menschen in dieser Lebensphase mit allen ihren Schwierigkeiten zu begleiten und ihnen dabei Anstöße zur Entwicklung ihres Glaubens zu geben. Diese Aufgabe ist aber leichter anzugehen, wenn man an gute Erfahrungen aus der ersten Unterrichtsphase anknüpfen kann.

Die Arbeit in der Elterngruppe

Im Blick auf die Eltern als Unterrichtspersonen gibt es Einwände aus zwei verschiedenen Richtungen. Kann man denn Menschen ohne pädagogische und ohne theologische Ausbildung eine solche Aufgabe übertragen? So wird von außen gefragt. Bei den Eltern selber begegnet dagegen die Abwehr: „Das kann ich doch nicht, diese Aufgabe ist zu groß für mich."

Schon HASTEDT wies immer wieder darauf hin, daß Eltern von Grundschülern ja neun bis zehn Jahre pädagogische Erfahrung hinter sich haben. Bei Kindergeburtstagen oder auch bei schulischen Veranstaltungen haben sie es auch mit größeren Kinderzahlen zu tun. Was aber die theologische Vorbereitung angeht, so sind dazu die gemeinsamen Abende da. Diese bilden geradezu das Herzstück dieser Art von Konfirmandenarbeit. Theologische Vorkenntnisse sind oft nur wenig vorhanden. Aber das ist kein Wunder: Man hat es mit ganz normalen Konfirmandeneltern zu tun, in deren Leben religiöse Fragen eher eine Nebenrolle gespielt haben. Darin kann geradezu ein Motiv liegen, in der Konfirmandenarbeit mitzumachen. Etliche unter den Teilnehmern möchten versuchen, Defizite aufzuarbeiten, die sie bei sich selber wahrnehmen. Sie sehen eine Chance, mit den Fragen ihres eigenen Glaubens weiterzukommen. Dagegen sagen aktive kirchliche Mitarbeiter zum Teil: „Ich mache doch sowieso schon genug."

Attraktiv ist für Eltern auch die Aussicht, das Gespräch mit dem eigenen Kind zu intensivieren. Gegen Ende der Grundschulzeit ist es ihnen meist sehr deutlich, daß die Kindertage nun langsam an ihr Ende kommen. Da stellt sich die Frage besonders intensiv: „Was kann ich und was möchte ich meinem Kind weitergeben?" Die einen lassen sich darauf ansprechen, daß sie sich bei der Taufe zur christlichen Erziehung bekannt haben. Die anderen haben damals auf die Taufe verzichtet und möchten ihre damalige Entscheidung jetzt überprüfen. Aus solchen und anderen Gründen finden sich Mütter - gelegentlich auch Väter - bereit, ein Unterrichtsjahr lang ein erhebliches Maß an Zeit und Energie einzusetzen. Sie lassen sich immerhin auf sechs Termine im Monat ein - dreimal Vorbereitung, dreimal Weitergabe an die Kinder.

Wer ganztägig arbeitet, kann das in der Regel nicht leisten. Solche Eltern kommen bei entsprechendem Interesse als Mitarbeiter bei Freizeiten in Frage. Halbtägige Berufstätigkeit muß dagegen kein Hindernis sein. Allerdings war in der Phase der Mitarbeiterwerbung immer der Hinweis wichtig, daß es wirklich nur um dieses eine Unterrichtsjahr geht. Alles, was sich danach eventuell ergibt, erfordert eine neue Entscheidung der Mitarbeiterin. Kirche darf gerade hier nicht den Fehler machen, Menschen vereinnahmen zu wollen. (Zur Frage der Gewinnung von Mitarbeitern und des Anfangs mit diesem Modell in einer Gemeinde s. PREIBUSCH 1993.)

Die Vorbereitungstreffen selbst sind in aller Regel von einem sehr intensiven Gesprächsklima geprägt. Anders als etwa bei einem Bibelabend oder Hauskreis muß hier ja am Ende ein Konzept stehen, mit dem man die Kinder erreichen kann. Aufgabe des begleitenden Pastors bzw. Diakons ist es dabei, nicht zuletzt die Teilnehmer zum Fragen zu ermutigen. Die Mitarbeiterinnen müssen zuerst für sich selbst klären, was ihnen Abraham oder Jeremia oder die Jünger am See Genezareth bedeuten. Dann erst kann es um die Frage der Vermittlung gehen. Nach unseren Erfahrungen entwickelt sich in den meisten Jahrgangsgruppen ein sehr guter Zusammenhalt. Je länger man gemeinsam bei der Arbeit ist, desto offener werden Teilnehmer in ihren Äußerungen und bei der Benennung der Punkte, die sie bedrücken. Oft geschieht hier gleichsam unter der Hand so etwas wie gegenseitige Seelsorge. Wo nach der Kompetenz der Eltern für eine solche Art von der Mitarbeit gefragt wird, sollte deshalb die Antwort mit diesen beiden Punkten zu tun haben: Bereitschaft, sich auf die Sache - also die biblischen Texte, kirchlichen Feste usw. - einzulassen sowie eine Offenheit für die Gespräche in der Gruppe.

Wer eine solche Gruppe hauptamtlich begleitet, tut gut daran, mit variablen Konzepten in die Treffen hineinzugehen. Gerade wenn die Beteiligten eigene existentielle Fragen äußern, kommt man mit Patentanworten nicht weiter. Man vergibt sich nichts, wenn deutlich wird, daß man auch selbst Fragen oder Schwierigkeiten kennt. Auch was die Materialien für die Kinder angeht, sollte man mehrere Pfeile im Köcher haben. Je nach Gesprächsgang bei der Vorbereitung kann die Schwerpunktsetzung unterschiedlich ausfallen. Dann ist es wenig hilfreich, nur einen „Standardablauf" parat zu haben, auf den man die Teilnehmer quasi verpflichten will.

Während des Vorkonfirmandenjahrs im vierten Schuljahr waren die Jungen und Mädchen mehr oder weniger regelmäßig im Kindergottesdienst. Gottesdienstbesuch gehört nun einmal zur Konfirmandenzeit dazu. In den Zwischenjahren gibt es an dieser Stelle nur noch geringe Chancen. Für den Kindergottesdienst fühlen sich die jungen Menschen inzwischen zu alt; mit dem Erwachsenengottesdienst in seiner Normalgestalt können sie noch nicht viel anfangen. Ein Ausweg liegt in einem verstärkten Angebot von Familien- und Sondergottesdiensten. Dafür kommen als Mitarbeiter sowohl die Eltern als auch die Kinder der „Zwischenjahrgänge" in Frage. Durch die Erfahrung im 4. Schuljahr bringen sie eine entsprechende Kompetenz mit, auf die man sich übrigens auch bei der Vorbereitung von Schulgottesdiensten für und mit den entsprechenden Jahrgängen stützen kann. Sie wissen jetzt: „Von mir wird nicht nur Mitarbeit in irgendeiner Randfunktion erwartet - ich kann mich auch kreativ einbringen und mitdenken."

Ein wichtiger Leitgedanke für die Zwischenjahre lautet wohl auf jeden Fall: Nicht zu viel versuchen! Dazu reichen in aller Regel schon die Kräfte in einer Gemeinde nicht aus. Aber es wäre auch fatal, wenn der Eindruck entstünde, als sollte unter der Hand so etwas wie eine fünfjährige Konfirmandenzeit eingeführt werden. Konfirmanden wie Eltern haben ein feines Gespür für ein ausgewogenes Verhältnis von Nähe und Distanz, und darauf gilt es zu achten.

Andere Ansätze in der Arbeit mit Eltern

Das hier vorgestellte Modell will andere Ansätze in der Arbeit mit Eltern keineswegs aufheben, sondern läßt sich mit ihnen zum Teil sogar gut kombinieren. So ist der Hausbesuch bei den Konfirmandeneltern wahrscheinlich in jedem Unterrichtsmodell sinnvoll. Auch bleibt es eine lohnende Aufgabe, als Teil der Konfirmandenarbeit Eltern und ihre 13-14jährigen Töchter und Söhne zu bestimmten Fragen miteinander ins Gespräch zu bringen oder auch theologische Erwachsenenbildung nur mit den Eltern zu betreiben. Das hier beschriebene Modell läßt im zweiten Unterrichtsjahr für solche Ansätze jede Möglichkeit. Da man sich schon länger kennt, werden die Voraussetzungen dafür sogar eher günstiger.

Schwieriger dürfte es dagegen sein, Eltern als Unterrichtende auch im herkömmlichen Konfirmandenalter einzusetzen. Auch damit hat es schon Versuche gegeben. Wir selbst haben seinerzeit auf diese Weise den Einstieg in die Arbeit im vierten Schuljahr gefunden. Aber das geschah noch unter den Bedingungen der achtziger Jahre. Aus der Perspektive sowohl der Eltern als auch der Konfirmandinnen und Konfirmanden hat ein Ansetzen im Grundschulalter jedenfalls eindeutig die besseren Voraussetzungen.

Hier gewinnt dieses Modell ein Stück weit die Praxis wieder, die Martin LUTHER mit seinem kleinen Katechismus im Auge hatte. Dort trägt jedes der „Hauptstücke" die Überschrift „wie sie ein Hausvater seinem Gesinde einfältiglich fürhalten soll". Heute sind aus den Vätern meistens Mütter geworden und aus dem Gesinde die Kinder. Aber die Praxis der Weitergabe von religiösen Inhalten in der Familie wird auf diese Weise wieder selbstverständlicher - eine schöne Anknüpfung an das oft beschworene und so selten eingelöste reformatorische Ideal vom Priestertum aller Gläubigen.

Literatur

EEB-Service-Paket (1996), Themen in der Konfirmandenarbeit mit Müttern und Vätern, Stade.

MEYER-BLANCK, M. (Hg.), (1993): Zwischenbilanz Hoyaer Modell: Erfahrungen – Impulse – Perspektiven, Hannover.

MEYER-BLANCK, M./KUHL, L. (1994): Konfirmandenarbeit mit 9-10jährigen, Göttingen.

PREIBUSCH, W. (1993): Praktische Schritte zur Konfirmandenarbeit mit Müttern und Vätern, EEB-Service-Paket, Stade.

RELLER, H./GROHMANN R. (Hg.) (1985): Lernen um zu lehren, Eltern geben Vorkonfirmandenunterricht, Gütersloh, S. 20.

Das Buch in der religiösen Erziehung

Mit Beispielen aus dem Verlag Ernst Kaufmann

Renate Schupp

Über erzieherische Kompetenz und religiöse Erziehung ist in diesem Tagungsband viel zu lesen. *Meine* Frage, die Frage eines Verlagsmenschen, ist nun: Welche Rolle spielen in diesem Zusammenhang Bücher? Spielen sie überhaupt eine? Und wenn ja, welche?

Angesichts der stürmischen Entwicklung neuer Medien wird ja immer wieder einmal das Verschwinden des Buches als solches vorausgesagt. Dem *religiösen* Buch droht zusätzlich die Gefahr, dem allgemein nachlassenden Interesse an Fragen des christlichen Glaubens zum Opfer zu fallen.

Doch trotz solcher düsterer Prognosen sind Bücher aus dem Bereich der religiösen *Erziehung* nach wie vor gefragt. Vielleicht sogar mit steigender Tendenz. Ich erkläre mir das so: Erwachsene, die mit Kindern zusammenleben, haben ein feineres Gespür als andere für die Brüchigkeit, für das Abgründige unserer heutigen Lebensweise. Sie möchten die Kinder, die ihnen anvertraut sind, stärken für eine Zukunft, die sie selbst als bedrohlich empfinden. Sie möchten ihnen einen festen Grund unter die Füße geben. Aber was? Und wie? Da kommt dann, vielleicht auf Umwegen, auch wieder Religion, der Glaube ins Spiel.

Natürlich wäre es am besten, die religiöse Sozialisation unserer Kinder geschähe über das Vorbild der Erwachsenen, die ihnen vorleben, was es heißt, Christ in unserer Zeit zu sein. Immer hätte – könnten wir wählen – in der Erziehung das wirkliche, vorbildhafte Leben Vorrang vor dem Buch, das Leben gewissermaßen nur aus zweiter Hand vermittelt. Aber die Verhältnisse – die sind nicht so. Es wurde festgestellt und wir haben es auch schon vorher gewußt: Die Anzahl der bewußt christlich lebenden Familien ist nicht mehr sehr groß und wird immer kleiner. Unsere Zeit ist geprägt von einer religiösen Verunsicherung wie nie zuvor. Wir kennen die Schlagworte: Traditionsabbruch, Wertezerfall, Sinnverlust.

Die Mütter und Väter, die jungen Erzieherinnen, die Erwachsenen überhaupt sind in religiösen Dingen unsicher, leider oft auch gleichgültig, vor allen Dingen aber unwissend. Sie haben selbst meist schon keine tragfähige religiöse Erziehung mehr bekommen. Sie kennen die biblischen Geschichten nicht mehr, die Lieder und die Gebete, die früher zum selbstverständlichen Bestand jeder Generation gehörten. Ihre Beziehung zur Kirche als Institution ist abgebrochen. Und doch! Und doch haben viele das Gefühl, daß sie ihren Kindern etwas Wichtiges vorenthalten, wenn sie Fragen unwirsch abwehren oder nicht beantworten können, die über das Sichtbare und Greifbare hinausgehen.

Und Kinder fragen mit Sicherheit. Kinder fragen immer - ganz gleich, ob sie getauft sind oder nicht, ob ihre Eltern Kirchensteuer zahlen oder nicht. Ich will gar nicht von solchen „Elternerschreck-Fragen" reden wie: „Papa, gibt es den Gott?" Oder: „Mama, die Oma sagt, wenn man tot ist, wird man ein Engel. Aber wie kommt man aus dem Grab heraus?" Ich denke zuerst einmal an die ganz alltäglichen Fragen, die ich für mich selbst die „Eigentlich"-Fragen nenne: „Was wird eigentlich an Ostern (Pfingsten, Himmelfahrt) gefeiert?" - „Warum sitzt eigentlich oben auf dem Kirchturm ein Hahn?" - „Warum ist Jesus eigentlich gekreuzigt worden? Er war doch ein guter Mensch?"

Um solche Fragen beantworten zu können, braucht man kein Glaubensseminar. Man braucht zunächst einmal schlicht und einfach einen Grundbestand an Wissen. Hier nun hat das Buch seine Chance. Denn erstens ist es eine der ureigensten Aufgaben des Buches, Wissen, Kenntnisse zu vermitteln. Und zweitens erreicht das Buch noch Familien, die kein Pfarrer mehr zu Gesicht bekommt.

Mit Blick auf das Thema dieses Bandes sind drei Arten von Büchern gefragt:

1. Bücher, die den erwachsenen Erziehenden die Inhalte des christlichen Glaubens verständlich erklären, damit sie sie wieder auffrischen oder neu erfahren können.

2. Bücher, die den Eltern und Erziehenden zeigen, wie sie die Glaubensinhalte so weitergeben können, daß Kinder ihrerseits sie verstehen und gerne davon hören.

3. Bücher für die Kinder, die sie mit ihnen zusammen anschauen oder ihnen zum Lesen in die Hand geben können. Bücher, die den Einstieg in schwierige Fragen erleichtern, die Gesprächsanlässe bieten – Bilderbücher, Geschichtenbücher, in denen biblische Geschichten erzählt, Fragen nach Leben und Tod, Gott und die Schöpfung dem kindlichen Verständnis angemessen dargestellt werden.

Mit diesen drei Buchtypen

- dem Buch, das den Erwachsenen selbst kundig macht,
- dem Buch, das erzieherische Kompetenz vermittelt und
- dem Buch für Kinder

habe ich im Grund genommen das Programm eines religionspädagogischen Verlags dargestellt. Wenn ich nun im folgenden als Beispiel das Programm des Verlag Ernst Kaufmann vorstelle, möchte ich nicht von Buchgattungen wie Kinderbibeln, Familienbücher, Adventskalender usw. ausgehen, sondern von den Anlässen, von denen wir annehmen, daß Bücher gebraucht werden – also gewissermaßen dem „Situationsansatz“ folgen.

In welcher Situation sucht ein erziehender Erwachsener nach einem Buch über religiöse Erziehung, wobei – vom ganzen her gesehen – der erziehende Erwachsene im Bereich der *Familie*, dem *Kindergarten*, der *Schule* oder der *Gemeinde* tätig sein kann. Mit Blick auf die Themen dieses Bandes berücksichtige ich nur Bücher, die vor allem für den Bereich Familie gedacht sind (was nicht ausschließt, daß sie auch von ErzieherInnen und LehrerInnen gebraucht werden).

Situation 1: Bücher für den Anfang

Ein Kind ist angekommen – das erste. Die Eltern sind glücklich und dankbar, daß es gesund ist, daß alles gut gegangen ist. Sie wollen für dieses Kind nur das Beste. Es soll sich geborgen fühlen, es soll keinen Mangel leiden, es soll alles bekommen, was es braucht, um das Leben zu meistern. Viele Eltern wissen oder ahnen, daß es nicht damit getan ist, das Kind zu ernähren und zu kleiden. Jetzt, angesichts dieses Kindes, sind sie empfänglich für alles, was für ihr Kind gut sein könnte. Ein neues, vielleicht seit der eigenen Kindheit verschüttetes Interesse an religiösen Fragen erwacht. Anders kann ich mir es jedenfalls nicht erklären, daß wir mit einem bescheidenen Büch-

lein, das den Titel trägt „Mit Kindern über Gott reden", auf Anhieb seit letztem Herbst 12.000 Stück verkauft haben. Der Autorin ist es offenbar gelungen, den richtigen Ton zu treffen, indem sie auf einfache, warmherzige Weise vermittelt, daß religiöse Erziehung gar nicht das „ganz andere", das „besondere" ist, sondern dort stattfindet, wo Eltern ihren Kindern durch ihre Zuwendung *Liebe*, *Glaube*, *Hoffnung* geben.
(Weitere Titel finden Sie in der folgenden Bücherliste unter „Zu Situation 1".)

Situation 2: Bücher zu den Festen

Das Kind wächst heran. Es geht jetzt in den Kindergarten. Spätestens dort wird es mit den Festen des Jahreskreises, von denen die meisten ja kirchliche Feste im biblischen Ursprung sind, konfrontiert. Die Frage nach der Bedeutung des Festes, danach, was da „eigentlich" gefeiert wird, kommt jetzt auf. Aber auch die Frage nach einer sinnvollen Gestaltung von Festen.
(Eine Auswahl von Büchern, die Feste und Festzeiten zum Thema haben, ist in der Bücherliste unter „Zu Situation 2: ..." zusammengestellt.)

Situation 3: Wenn dich dein Kind fragt

Das ist die Situation, die das Thema dieses Buches ist: „Wenn dich dein Kind fragt ..." Solche Fragen treffen oft direkt ins Zentrum des Glaubens. Sie können sicher nie in einer einzigen Situation „fertig" erklärt werden. Sie tauchen immer wieder auf, ernsthafte Menschen suchen lebenslang nach Antworten. Mit der Reihe „Religion für kleine Leute" haben wir im Kaufmann Verlag versucht, die häufigsten, wichtigsten Fragen erzählend darzustellen und so Eltern mit ihren Kindern einen ersten Einstieg in schwierige Themen zu geben.
(Eine Auswahl der Einzeltitel dieser Reihe sowie andere geeignete Bücher zu religiösen Fragen sind in der Bücherliste „Zu Situation 3: ..." zusammengestellt.)

Bücherliste aus dem Verlag Ernst Kaufmann

Zu Situation 1: Bücher für den Anfang

THEISS, M.: Mit Kindern über Gott reden. Anregungen zur religiösen Erziehung.

SCHINDLER, A. u. R.: Unser Kind wird getauft - ein Weg beginnt.

SCHINDLER, R.: Zur Hoffnung erziehen - Gott im Kinderalltag. Ein Buch zur religiösen Erziehung.

SCHUPP, R.: Mit Kindern beten. Ein Geschenkbüchlein für Kinder und Erwachsene.

SCHUPP, R.: Das Vaterunser für Kinder. Anregungen zur religiösen Erziehung

Zu Situation 2: Bücher zu den Festen

LÜBER, R.: Wir feiern Sankt Martin. Wir feiern Nikolaus. Wir feiern Advent. Wir feiern Ostern. Wir feiern Erntedank. Eine Bilderbuchreihe mit einer Geschichte, einem Lied, einem Back- und Bastelvorschlag und einem Sachtext für Eltern über Ursprung bzw. Bedeutung des Festes.

GOECKE-SEISCHAB, M./RANZE-KALUZA I.: Auf das Weihnachtsfest vorbereiten. 24 kreative Vorschläge zu einer christlich orientierten Gestaltung der Adventszeit für 5-12jährige Kinder und deren Eltern.

GOECKE-SEISCHAB, M./HARZ, F.: Auf das Osterfest vorbereiten. 19 kreative Vorschläge zu einer vom biblischen Ostergeschehen her bestimmten Gestaltung der Osterzeit für 8-14jährige Kinder.

Adventskalender

Inhalte: Nacherzählungen der biblischen Weihnachtsgeschichte; weihnachtliches Brauchtum; Weihnachtsgeschichten aus unserer Zeit. *Konzeption:* 24 einzelne Geschichten, ein Poster, jeden Tag ein Bild zum Ausschneiden und Aufkleben bzw. eine Figur zum Basteln. *Alter:* Je nach Schwierigkeitsgrad des Textes bzw. der Bastelarbeit für Kinder zwischen 4 und 10 Jahren.

Titel (in Auswahl):

SCHUPP, R./JACOB, W.: Freut euch, das Christkind kommt bald. Eine Weihnachtsgeschichte von Kindern heute, ab 4 Jahre.

ZÖLLER, E./FROMM, L.: Das Weihnachtshaus. Weihnachtliches Brauchtum, ab 4 Jahre.

HOFFMANN, F./HERRMANN, R.: Der Weg zur Krippe. Die biblische Weihnachtsgeschichte nacherzählt, mit 24 Figuren zum Ausschneiden und Basteln einer Papierkrippe, ab 5 Jahre.

SCHUPP, R./GANTSCHEV, I.: Die Geschichte von Maria, Josef und dem Kind. Nacherzählen der biblischen Weihnachtsgeschichte, ab 8 Jahre.

BECKER, E./FUCHSHUBER, A.: Ein Ort in allen vier Winden. Weihnachtliche Geschichten von Kindern in aller Welt.

SCHINDLER, R./HERRMANN, R.: Engel sind nahe. Engel-Geschichten aus dem Alten und Neuen Testament, ab 9 Jahre.

Osterkalender

SCHINDLER, R./HERRMANN, R.: Mit Jesus nach Jerusalem. 22 Geschichten von Menschen, die Jesus auf seinem Weg nach Jerusalem begegnen und davon berichten. Poster: Die Stadt Jerusalem zur Zeit Jesu. Ab 8 Jahre.

LAUBI, W./DALENOORD, J.: Wie die Osterbotschaft zu uns kam. 20 Geschichten aus der Zeit des öffentlichen Wirkens Jesu von der Taufe im Jordan bis zur Himmelfahrt. Poster: Palästina mit den wichtigsten Stationen des Weges Jesu. Ab 6 Jahre.

SACK, R./LESON, A.: Ostern in aller Welt. 22 Geschichten über christliche Osterbräuche, ab 8 Jahre.

SCHINDELIN, W./MIRTSCHIN, J.: Ostern oder das Geheimnis des Lebens. 22 Geschichten von einem jungen Mann, der sich bemüht, die Osterbotschaft in seinem Leben zu verwirklichen. Ab 10 Jahre.

Zu Situation 3: Wenn dich dein Kinder fragt

SCHINDLER, R.: Religion für kleine Leute (Reihe)

Konzeption: Elementare Fragen der christlichen Religion werden in erzählender Form vermittelt. Mit einem erklärenden Nachwort für Eltern. *Alter:* Kinder zwischen 4 und 8 Jahren.

Einzeltitel (in Auswahl): Benjamin sucht den lieben Gott (Frage nach der Existenz Gottes); Pele und das neue Leben (Frage nach Sterben und Tod); Steffis Bruder wird getauft (Beschreibung eines Tauftages mit Hinweis zum Verständnis der Taufe); Wohnt Gott im Wind? (Gottesbilder aus Psalmen und anderen biblischen Texten).

Kleine Reihe Religion

SCHINDLER, R.: Deine Schöpfung – meine Welt.

SCHUPP, R.: Mit Kindern durch das Kirchenjahr.

OLBRICH, H.: Abschied von Tante Sofia

Bilderbücher zum Stillwerden

HEYDUCK-HUTH, H.: Licht; Luft; Wasser; Erde.

Geschichten vom Himmel und der Erde

Eine Sachbilderbuchreihe, die Kinder ab 8 Jahren in die eigene Religion und die Religionen der Welt einführt.

Einzeltitel: Gott sprach, und Sara lachte (Altes Testament); Jesus erzählt (Neues Testament); Der Rabbi, der seine Geschichten verschenkte (Judentum); Der Mann, der Gott begegnen wollte (Islam); Der Prinz, der zum Bettler wurde (Buddhismus).

Vorlese- und Erzählbücher

KRENZER, R./FRITZ, V.: 100 einfache Texte zum Kirchenjahr. Vorlesegeschichten für Kinder ab 4 Jahren.

SCHUPP, R./DEßECKER, R.: Bald nun ist Weihnachtszeit. Vorlesegeschichten für Kinder zwischen 6 und 10 Jahren.

RANZE-KALUZA, I.: Bald ist nun Osterzeit. Vorlesegeschichten für Kinder zwischen 6 und 10 Jahren.

Kinderbibeln

LAUBI, W./FUCHSHUBER, A.: KinderBibel.

POKRANDT, A./HERRMANN, R.: Elementarbibel.

Musik als Medium religiöser Erziehung im Leben des Kindes

Rolf Schweizer

Vorbemerkung

Bevor wir unser Thema in seiner Zuspitzung auf die religiöse Erziehung des Kindes präzisieren können, müssen wir zunächst einige grundsätzliche Betrachtungen über das Medium Musik voranstellen.

Das musikalische Weltbild des Kindes entwickelt sich bereits im Mutterleib über das empfindlichste Sinnesorgan des Menschen, das Ohr. In der sogenannten „Schnecke" des Innenohrs – der Cochlea – finden wir die höchste Dichte von Nervenenden. Im Gegensatz zu den anderen Organen des Fötus, die noch viele Jahre nach der Geburt wachsen müssen, um ihre vollständige Größe zu erhalten, zeigt sich in der Mitte der Schwangerschaft, nach etwa 4 1/2 Monaten, die Schnecke des Innenohrs bereits vollständig ausgebildet.

Das Gehör erweist sich als empfindlichster Punkt im menschlichen Nervensystem, es dient nicht nur als akustische Membrane zur Aufnahme von Klängen und Geräuschen, sondern es fungiert gleichzeitig als Gleichgewichtsorgan, ohne das wir keinen aufrechten Gang hätten.

Wir stellen somit fest: bereits der Fötus will hören. Sein Gehör ist für ihn das erste Tor zur Welt: er hört die Herzschläge der Mutter und erlebt somit den Rhythmus als Element des Lebens. Eine schwangere Frau, die singt, vermittelt dem Ungeborenen die ersten Kontakte mit dem Medium Musik. Es würde zu weit führen, wollte man an dieser Stelle von den Experimenten berichten, bei denen werdende Mütter durch wiederholtes Erzählen, Namen rufen oder Singen einen Erkennungseffekt beim späteren Säugling beobachten konnten. Ich verweise jedoch in diesem Zusammenhang gerne auf das Buch „Der kompetente Säugling" von Martin DORNES, aus dem näheres zu erfahren ist.

So wie die Schwangere durch eigene musikalische oder sprachliche Äußerungen entscheidende Impulse für das musikalische Erleben ihres Kindes bereits im pränatalen Zustand zu geben vermag, so ist der Säugling auch weiterhin auf akustische Zuwendungen angewiesen, wenn er nicht psychisch und physisch verkümmern soll.

Es ist keineswegs so, daß der Mensch seine Sprache in sich trägt. Er nimmt vielmehr Musik und Sprache über das Gehör wahr, und wird erst dadurch kommunikationsfähig. Ein Säugling, der in China aufwächst, erlernt eine andere Sprache als ein Kind hierzulande. Gestatten Sie mir an dieser Stelle die Erzählung einer historischen Episode: der Staufer-Kaiser FRIEDRICH II. wollte im 13. Jahrhundert die Ursprache des Menschen dadurch entdecken, daß er Säuglinge gleich nach deren Geburt von Ammen in einem abgesonderten Heim betreuen ließ. Die Ammen sollten die Kinder zwar bestens versorgen, durften aber mit ihnen weder sprechen noch singen, noch nonverbale Kommunikationen vornehmen. Das verbriefte Ende der Geschichte ist schlimm: die Kinder brachten es in ihren eigenen Lautgebungen nur zum Weinen und Wimmern und starben schließlich nach wenigen Monaten.

Musik und Sprache

Musik und Sprache können deshalb in einem Atemzug miteinander genannt werden, weil das elementare Musikerleben im Bereich der Phonetik angesiedelt ist. Das Kleinkind unterscheidet nicht fein säuberlich zwischen Sprache und Gesang; beides erwächst aus Lautgebungen. Unterschiede in der Tonhöhe sind aus dem klagenden Lamento des Kleinkindes genauso zu entnehmen, wie aus dessen jauchzenden Begeisterungsrufen. Auch Erwachsene haben eine Sprachmelodie und einen Sprechrhythmus, wenngleich Kinder in der Tat mit diesem Phänomen spielerischer umzugehen vermögen. Noch in den Kinderreimen bricht sich diese sprachliche Urgewalt bahn:

a) Ringel, rangel ratze, wir tanzen mit der Katze, da kommt der Hund gelaufen und rennt uns übern Haufen!

b) Ich bin ein kleiner Pumpernickel, ich bin ein kleiner Bär, und wie mich Gott erschaffen hat, so zottel ich daher. (KELLER 1970)

Schon beim Kleinkind tritt zum sprachlichen und musikalischen Gestalten der Drang zur Bewegung hinzu. Ein gesundes Kind wird sich in der Regel zu seinen Sing- oder Sprechversen mit Gebärden und Tänzen ausdrücken wollen. Viele Kinderlieder sind deshalb Bewegungslieder. Ich erinnere in diesem Zusammenhang an die drei melodisch gleichlautenden Gesänge:

„Backe, backe, Kuchen, der Bäcker hat gerufen“

„Hoppe, hoppe Reiter, wenn er fällt dann schreit er“

„Ringel-Rangel Rosen, Pfirsich, Aprikosen“

Obwohl die genannten Kinderlieder dieselbe Melodie haben, empfindet sie das Kind aufgrund der konträren Gebärdensprache, die durch die Worte suggeriert wird, als völlig unterschiedliche Situationskommentare. Leben und Lied, Bewegung und Ausdruck gehören untrennbar zusammen und bilden eine Einheit.

Das Hören, das schon im vorgeburtlichen Zustand eine entscheidende Rolle spielt, ist auch für den Säugling von besonderer Bedeutung, das werden alle jene Menschen bezeugen, die Säuglinge und Kleinkinder durch beruhigendes Sprechen oder Summen zur Ruhe bringen konnten. Der Säugling versteht recht bald die Stimmen seiner Bezugspersonen zu unterscheiden. Akustische Einflüsse bleiben nicht ohne Wirkung: laute Geräusche und Klänge erschrecken das Kind, leise und beruhigende Töne und Worte wirken entspannend. Die Musik hat jedoch auch schon bei Kleinkindern eine emotionale Wirkung; längst bevor sich das Kind sprachlich auszudrücken vermag, reagiert es affektiv auf bestimmte Arten von Musik. So kann man z. B. mit sentimentaler Musik Kinder zum Weinen bringen.

Singen und Leben

Ganz gewiß ist das Singen die beste Möglichkeit, eigenes kindliches musikalisches Gestalten zu fördern. Entspringen doch Singen und Sprechen denselben Lautwurzeln und denselben körperlichen Klangräumen. Es ist entscheidend wichtig, daß die Spontaneität des Singens oder der weitgefaßten musikalischen Lautgebungen als elementare Lebensäußerung erkannt und ernstgenommen werden, denn wenn man solche Lebensäußerungen unterdrückt, kann es zu physischen und psychischen Schäden kommen. Dagegen bedeutet eine Freisetzung des kindlichen musikalischen Gestaltens einen Zugewinn an heilenden Kräften. Christoph SCHWEBE äußerte sich zu dieser

Frage in seiner Schrift „Musiktherapie bei Neurosen und funktionellen Störungen" wie folgt:

> „Jeder Mensch besitzt die Fähigkeit und Voraussetzung zum Singen, jedoch kommt die Fähigkeit, sich singend zu äußern, bei vielen Menschen nur wenig oder gar nicht zur Entfaltung.
> Soziale Normierungen des menschlichen Verhaltens fordern gewisse Einschränkungen spontaner Selbstäußerungen, so daß als Folge auch die Fähigkeit des Singens als eine Form spontaner und elementarer Betätigung verkümmern kann."

Derselbe Autor kann deshalb, nachdem bei Menschen entsprechende Gesundheitsstörungen feststellbar sind, das Singen als Gruppentherapie empfehlen und verrät in derselben Abhandlung seine musiktherapeutische Indikation:

> „Die Gruppensingtherapie ist im besonderen Maße für Patienten mit folgenden Verhaltensweisen und Symptomen indiziert: bei Gehemmtheit und mangelnder Kontaktfähigkeit verschiedener Genese, bei reduzierter Erlebnisfähigkeit, bei Ich-gerichteten Haltungen, gespannten und verkrampften Persönlichkeiten, bei Angstzuständen, funktionell bedingten Schlafstörungen und allen funktionell bedingten Organsymptomen."

Kinder reagieren in jedem Falle auf verbale, lautgeberische oder singende Zuwendungen, auch wenn sie zunächst nicht sofort alles nachsprechen, respektive mitsingen können. Sie speichern gleichsam Worte und Melodien in ihrem Gedächtnis auf und setzen diesen Schatz zu Zeiten frei, an denen man es nicht vermutet. So kann es passieren, daß Kleinkinder ein mehrfach vorgesungenes oder zu einem späteren Zeitpunkt nicht zu Ende gesungenes Lied selbst singend oder lautmalerisch plappernd vollständig zu Ende führen. Vielfach habe ich die Beobachtung gemacht, daß Kinder im Vorschulalter in der Gruppe nicht mitsingen, sondern nur aufmerksam zuhören, jedoch zu Hause imstande sind, die Lieder fehlerfrei aus ihrem Gedächtnis zu reproduzieren.

Entfaltung der musikalischen Kreativität

Je mehr die Kinder mit dem Singen in Berührung kommen, desto mehr werden sie imstande sein, eigene musikalische Ausdrucksmöglichkeiten zu finden. Wer hat nicht schon Kinder beobachten können, die ihr Spielen mit Bauklötzen oder mit der Puppe singend kommentieren und dabei ganz eigene Worte und Melodien finden. Kinder werden in der Regel nicht schweigend im Kinderzimmer verweilen, sondern es wird immer wieder zu lautem Sprechen oder Singen kommen, falls sie nicht durch Klänge von außen abgelenkt werden. Sind unentwegt Fernseher, Radio oder Cassettenrecorder zugange, wird allerdings das eigene kindliche Gestalten im Keim erstickt.

Auch ältere Kinder, Jugendliche oder Erwachsene werden durch die Verfügbarkeit von akustischen Reizen in eine Konsumentenhaltung gezwungen, und ein Konsument wird durch stets neue Angebote in ein Abhängigkeitsverhältnis gebracht, aus dem es schließlich kein Entrinnen mehr gibt, wenn nicht von der Musikerziehung entsprechende Impulse gegeben werden.

Selbst wenn man Kindern nur beste klassische Musik vorspielte, würde man an den Bedürfnissen des Kindes vorbeihandeln; denn das Kind singt seine Lieder nicht unter dem Vorzeichen künstlerischer Leistungen, es will vielmehr seine Erlebnisse klingend kommentieren.

Das Kind der Frühphase (3. bis 6. Lebensjahr) kann deshalb auch dieselben Töne für unterschiedliche Liedsituationen verwenden. Ich habe oben schon auf dieses Phänomen mit den drei gleichlautenden Kinderliedern hingewiesen. Da das musikalische Gestalten des Kindes stets mit einer bestimmten Situation oder einem charakteristischen Lebensgefühl verbunden ist, finden es auch jene Kinder mit einem großen Liederschatz absurd, wenn sie beim Besuch bei der Tante oder bei den Großeltern ein Lied vorsingen sollen, das überhaupt nicht in die betreffende Lebenswirklichkeit hineinpaßt. Daraus ersehen wir, daß Kinder ihr musikalisches Gestalten als höchst komplexes Geschehen verstehen, bei dem die seelische Gestimmtheit mit den äußeren Bedingungen übereinstimmen müssen. Es ist deshalb keine Frage, daß Lied und Leben, Erlebnis und emotionale Äußerung zusammen gehören. Das Kind ist immer ganz bei der Sache, sein musikalisches Gestalten ist auf Ganzheitlichkeit angelegt.

Atem und musikalisches Gestalten

Die Ganzheitlichkeit von Leib und Seele, Singen und Tanzen kommt auch im Tiefatem des Kleinkindes zum Ausdruck. Diese Einheit von Leben und Atem wird bald durch Zwänge von außen verdrängt. Martin WOLF macht dies in seinem Buch „Miteinander Musizieren" zum Gegenstand seiner Untersuchung, wenn er schreibt:

> „Während kleine Kinder noch vor dem Alter der Ich-Findung, also etwa bis zu 3 Jahren, gelöst und physiologisch harmonisch aus der Mitte des Körpers mit der Kraft des Zwerchfells und der Zwischenrippenmuskulatur atmen, setzt mit den ersten Leistungsanforderungen eine verhängnisvolle Entwicklung ein. Im Kindergartenalter beginnend und im ersten Jahr der Grundschule mit größerer Schnelligkeit fortschreitend, verlagert sich die Atemintensität aus der Mitte des Körpers immer weiter nach oben, um sich schließlich bei den meisten Kindern am Ende des ersten Schuljahres als sogenannte „Hochatmung" zu verfestigen."

Im Zusammenhang mit der Schwächung des Tiefatems muß auch die Bewegungsarmut beim musikalischen Gestalten der Kinder genannt werden. Kinder sollten sich zu ihren Liedern bewegen dürfen. Reigen, Tänze, Gebärdenspiele fördern die körperliche Lockerheit, die Koordination der Gliedmaßen untereinander und die Möglichkeiten sozialer Kontaktierungen. WOLF geht in dem genannten Buch auch auf diese Frage der Förderung natürlicher Anlagen ein und meint dazu:

> „Der Körper gibt die Möglichkeit, Lebensfreude auszudrücken und darzustellen. Uns ist nun die Aufgabe gestellt, dieses Körpergefühl zu berücksichtigen, dem Anspruch gerecht zu werden, der sich daraus herleitet. Wenn wir auf ihn eingehen, ihn in unser Tun mit den Kindern einbeziehen, legitimieren wir ihn und das Bewußtsein, dem er entspringt."

Singen und moderne Lebensgewohnheiten

Die Wichtigkeit des musikalischen Gestaltens mit Kindern, besonders des Singens, steht außer Frage. Schaut man jedoch in die Familien unserer Gesellschaft, so wird man unschwer feststellen können, daß die frühkindlichen Kontakte mit dem Singen in der Familie gegenüber früherer Zeiten erheblich zurückgegangen sind. Diese Situation entstand nicht von heute auf morgen, sie hat sich allmählich entwickelt; Gründe hierfür gibt es genug. Sie wurden teilweise oben schon genannt:

- Vorherrschaft der elektronischen Medien in den Haushalten; man singt nicht mehr, sondern man „läßt" singen.
- Zeitliche Belastungen der Erziehenden; dadurch werden gerade die gemeinsamen kreativen Tätigkeiten mit den Kindern vernachläßigt.
- Es wird schon früh nach dem „Nützlichkeitseffekt" gefragt, so daß nicht selten bereits in der frühkindlichen Phase die vorschulische Erziehung unter dem Gesichtspunkt eines materiellen Gewinns gesehen wird; wie später in der Schule bleibt unter solchen Gesichtspunkten das musische und kreative Gestalten auf der Strecke.
- Kinder wachsen heute zumeist in Kleinstfamilien auf; in Großfamilien war das Singen zu früheren Zeiten ganz gewiß einfacher.
- Höchstwahrscheinlich fehlt bei den Erziehenden weithin das Wissen um die Wichtigkeit des frühkindlichen Singens und musikalischen Gestaltens.

Eine Umfrage bei Erzieherinnen, mit denen ich in Pforzheim eine Fortbildungsphase durchführte, hat ergeben, daß der Liederschatz der Kinder, den sie von Zuhause in den Kindergarten mitbringen gleich null ist; Ausnahmen bestätigen die Regel. Das einzige, was Kinder von Zuhause an Singformen kennen, sind einige musikalische Werbespots, die sie immer wieder zu hören bekommen, da ja Fernseher und/oder Radio meist permanent eingeschaltet bleiben. Neben die akustische Reizüberflutung ist die visuelle Beeinflussung getreten. Folglich wird den Kindern eine eigene Entwicklung ihrer Innenwelt verwehrt. Sie werden, wie weithin unsere ganze Gesellschaft, manipulativ gleichgeschaltet. Individualität und persönliches Erleben werden verdrängt. Im Bewußtsein der Kinder bleiben die oft gewalttätigen Fernsehbilder, von denen sie sich zuerst mühsam in der Puppenecke des Kindergartens mit handgreiflichen Aggressionen abreagieren müssen, bevor sie wieder Raum für eigenes Erleben und Gestalten haben. Wie kann auf solch einem Boden eine menschenbildende musisch-kulturelle Arbeit gedeihen?

Hören und reagieren

Wir haben oben von der Wichtigkeit des Gehörsinns für die Entwicklung des Kindes gesprochen. Der Berater, Therapeut und Gehörforscher Fred WARNKE aus Hamburg konnte aufgrund seiner Messungen den Beweis erbringen, daß Grundschüler in ihrer akustischen Wahrnehmung um ein Drittel langsamer reagieren, als Kinder noch vor 10 Jahren. Das Gehör hält also nicht ungestraft dem Ansturm diffuser und die Schmerzgrenze übersteigender Sinnesreize stand. Das folgende Zitat stammt aus einer Rundfunksendung von Reinhard KAHL aus dem Jahre 1994:

> „So wird das Gleichgewicht von zwei Seiten bedroht: zuviele Reize von außen, zu wenig selbstregulierende, gewissermaßen verdauende Aktivitäten von innen."

Die mit WARNKE zusammenarbeitende Sprachheiltherapeutin Judith EULENBURG aus Hamburg kann das Phänomen aus ihren Erfahrungen mit Kindern wie folgt beschreiben (KAHL 1994):

> „Ich kenne kein Kind in der Schule bei mir, das abends eine Gute-Nacht-Geschichte vorgelesen, geschweige denn frei erzählt bekommt. D. h. Kinder werden von den Medien akustisch und visuell stimuliert; aber nicht von Menschen [...] Dadurch, daß das Kind sich selber weniger ausprobieren kann, auch in der eigenen Sprache, verlangsamt sich seine Wahrnehmung."

Die einzige Möglichkeit aus dem Kreislauf von akustischem Terror und individuellem Verstummen heraus zu kommen, ist eine ganz persönliche praktische Beschäftigung der Kinder mit Musik. Dabei hat das Singen zwangsläufig eine große Bedeutung, denn die Stimme kann sofort wiedergeben und individuell modifizieren, was das Ohr aufgenommen hat. Hierbei kommen der Repetition und dem atmosphärischen Umfeld hohe Bedeutung zu.

Singen als (Über)-Lebenstherapie

Die Wichtigkeit des Singens mit Kindern möchte ich unter vier Aspekten beleuchten. Man beachte, daß die folgenden Aussagen auf alle Altersgruppen des Menschen zutreffen!

1. Psychologischer Aspekt

- Kinder können sich im musikalischen Gestalten emotional ausleben. Singen ist das natürlichste musikalische Gestaltungselement; es erwächst aus dem gehobenen Sprechen, dem emotional geladenen Dialogisieren, dem Schrei, dem Ruf, dem Lachen, dem Weinen, der Lautmalerei oder anderer nonverbaler Äußerungen.

- Im musikalischen Gestalten kann das Kind einerseits Gefühle bündeln und mit einem bestimmten Erlebnis in Einklang bringen; andererseits können im Zusammenwirken von Gesang und Bewegung antriebsschwache Kinder gefördert werden. Aggressiven Kindern bietet dagegen das musikalische Gestalten Möglichkeiten, sich emotional „zu entladen". Folglich hat die Musik einen hohen therapeutischen Wert, der viel zu wenig beim Umgang mit diesem Medium bedacht wird.

2. Soziologischer Aspekt

- Im gemeinsamen Singen kann Gemeinschaft erlebt und klanglich konkretisiert werden.

- Das Singen transportiert kollektive Erfahrungen und Empfindungen, welche einen deutlichen Sozialisationsschub ermöglichen.

- Im Singen wird eine Gegenwelt zur Vereinsamung des Menschen unserer Zeit geschaffen. Denn auch Kinder können bereits an ihren Computerspielen vereinsamen.

3. Körperlicher Aspekt

- Beim Singen kommt es zu einer intensiveren Atmung als beim Sprechen; die Tiefatmung wird reanimiert.

- Das Singen fördert durch die Vibration der Klangräume des Körpers die Tätigkeiten des menschlichen Drüsensystems.

- Das Singen und musikalische Gestalten weckt in Verbindung mit Tanz und Gestik den Willen zur freien und ungehemmten Bewegung, es wirkt dadurch persönlichkeitsbildend.

4. Religiöser Aspekt

- Im Singen offenbart sich die beste Möglichkeit, religiöse Inhalte zu vermitteln, zu tradieren und zu vertiefen. Gute Lieder werden gerne repetiert, damit bleibt deren Botschaft lebendig und fließt in das Unterbewußte ein.
- Über das Singen lassen sich glaubensmäßige Aussagen besser erfassen als durch andere Medien, da sich hierbei Sprache und Musik auf ideale Weise verbinden.
- Im Singen klingen Leib und Seele zusammen, d. h. religiöse Inhalte können nicht nur kognitiv, sondern auch emotional faßbar und klanglich spürbar gemacht werden.
- Die Vertiefung von religiösem Gedankengut durch das Singen ist durch das Zusammenwirken beider Gehirnhälften (Sprache und Emotionalität) in idealer Weise gegeben.
- Im gemeinsamen Singen kann religiöses Leben in der Familie, in der Gruppe, in Kindergarten, Schule und Gottesdienst kollektiv gestaltet werden.
- Die Voraussetzungen für die singende Gemeinde von heute und morgen müssen bereits in Familie, Kindergarten und Schule erbracht werden.

Musik in der Familie

Wir können folglich nicht über Musik als Medium religiöser Erziehung im Leben des Kindes reden, ohne den Eltern Mut zum Singen und musikalischen Gestalten mit ihren eigenen Kindern zu machen. Alle Erwachsenen, denen die Erziehung von Kindern anvertraut ist, sollten konkrete Maßnahmen für bessere Bedingungen zur Entfaltung des kindlichen musikalischen Gestaltens schaffen:

1. Im Kinderzimmer muß es stille Phasen im Tagesablauf geben, in denen das Kind auf Gehörtes sprachlich und musikalisch reagieren kann.
2. Es sollten unbedingt Zeiten gemeinsamen Singens eingerichtet werden. Hierbei kommt es nicht auf musikalische Perfektion, sondern auf die menschliche Zuwendung zwischen den Erziehenden und den Kindern

an. In diesem Sinne kann jeder Mensch mit seiner Stimme Gedanken und Gefühle ausdrücken und diese gleichsam „hautnah“ an den Mitmenschen weitergeben.

3. Elektronische Medien können auch positiv in die Kindererziehung einbezogen werden. Im Blick auf das Liedgut der Kinder sei in diesem Zusammenhang auf die vielen Einspielungen oder Kinderlieder hingewiesen; doch darüber soll am Ende meiner Ausführungen noch berichtet werden.

4. Die Eltern sollten mit ihren Kindern immer wieder auch jene Lieder nachsingen, die diese in Kindergarten und Schule lernen. Hierbei wäre es wichtig, auf die Tonhöhe der Kinder einzugehen.

5. Die Kinder sollten in jedem Falle vor zu lauten Geräuschen und aggressiver Musik verschont bleiben. Wenn schon Fernseher oder Radio laufen müssen, so sollte man die Lautstärke auf das unerläßliche Minimum zurückdrehen, denn Kinder haben ein wesentlich sensibleres Gehör als Erwachsene. Ernstzunehmende Untersuchungen haben nachgewiesen, daß ein zu lautes Musikhören, z. B. durch den Walkman, die Hörfähigkeit des menschlichen Ohrs deutlich herabsetzt und bis zur Schwerhörigkeit führt.

6. Erwachsene sollten mit Kindern musikalische Zwiegespräche führen; dies könnte beispielsweise auf folgende Art geschehen: die Bezugsperson fragt singend (auf 1 bis 3 Tönen): „Wollen wir spazierengehen?“

   Das Kind könnte unter Umständen antworten: „Ja, ja, ich will.“ Die Bezugsperson fragt sodann: „Wohin wollen wir denn gehen?“ Der Kinderwunsch könnte lauten: „Auf den Spielplatz.“

   Genauso kann nach dem Spaziergang das Erlebte in einer singenden Erzählweise aufgearbeitet werden. Hier ist der Phantasie der Erwachsenen keine Grenze gesetzt. Haben sich die Kinder einmal auf dieses Spiel eingelassen, werden sie bestimmt gerne immer wieder davon Gebrauch machen.

Musik und Religion

Der Ursprung der Musik lag im Kultus. Alle Musik, die den Menschen zu Konzentration und zur Verinnerlichung seines Denkens und Fühlens führt, kann im weitesten Sinne als geistliche Musik verstanden werden. Vielleicht ist die Musik das Medium, welches die unselige Trennung zwischen geistlich und weltlich gelegentlich aufheben kann und somit zum Symbol dessen wird, was ich als Einheit vom Glauben und Leben umschreiben möchte.

Die Musik umfaßt in gleicher Weise Leib, Seele und Geist. Tonhöhe, Tondauer, Tonstärke und Tonfarbe beeinflussen unmittelbar die Psyche des Menschen. Diese Verflechtung von körperlichem Engagement und emotionalem Erleben, nimmt den Singenden dergestalt in Anspruch, daß der Kirchenvater AUGUSTINUS das Singen als doppeltes Beten bezeichnen konnte: „bis orat, qui cantat".

Die Ordnungsprinzipien der Musik sind gleichzeitig auch Nachbildungen der Schöpfung. Das Glaubensbekenntnis zum Schöpfer dieser Welt kann deshalb durch das Schöpfungsphänomen Musik in besonderer Weise zur Geltung gebracht werden.

Musik ist Ausdruck des himmlischen Gottesdienstes, denn in allen diesbezüglichen biblischen Beschreibungen finden wir das Singen, Musizieren oder das überhöhte (gehobene), rufende Sprechen als Merkmale für das Gotteslob vor Gottes Thron. In allen Berichten von himmlischen Gottesdiensten wird die Musik als ein Mittel zur Anbetung und Verherrlichung Gottes gewertet, weil sie eine urtümliche Ausdrucksweise des Menschen darstellt, bei der es keine Sprachschwierigkeiten gibt.

Über die gemeinschaftsbildende Kraft der Musik wurde bereits erschöpfend referiert; dasselbe gilt auch für die Verbindung von Musik und Sprache. Bei letzterem möchte ich vor allem an die Möglichkeit der Musikalisierung biblischer Sprache, respektive verbaler geistlicher Aussagen erinnern, die für die religiöse Erziehung des Kindes von entscheidender Bedeutung sind.

Die Musik kann friedensstiftende Kräfte entfalten, wenn sie nicht pervertierend zu Haß und Agitation umfunktioniert wird. Musik schafft Raum für individuelles religiöses Erleben, denn das Gemeinschaftserlebnis, das durch das geistliche Singen ausgelöst wird, schließt ein individuelles Verhältnis zu Gott nicht aus.

Das Handeln Gottes wurde zu allen Zeiten von den Gläubigen mit Hymnen und Liedern, mit Lob und Klage kommentiert, verarbeitet und transzendiert.

Geistliche Lieder in der religiösen Erziehung von Kindern

An einigen Liedbeispielen soll im folgenden gezeigt werden, welche Lieder sich in besonderer Weise für die religiöse Erziehung von Kindern eignen.

Wir gehen auf die Suche nach Gesängen, die im typischen „Kinderton“ gehalten sind, denn auch wenn Kinder schlagermäßige Melodien hören und nachsingen, welche aus der Welt der Erwachsenen stammen, so kann man doch aus deren eigenem musikalischen Gestalten die Bevorzugung von

a) einfachen Rufmodellen oder rezitierenden Abläufen erkennen.

b) Dreitongebilde, welche die sogenannte „Leierformel“ darstellen, sind ideale Kinderliedmodelle.

c) Auch Viertonmodelle (mit pentatonischer Prägung) gehören zu den Wesensmerkmalen alter Kinderlieder.

d) Daneben spielen Pentachord (Fünftonfolge) und Hexachord (Sechstonfolge) ebenfalls eine große Rolle.

Auch die Textgestaltung guter Kinderlieder hat ihre eigenen Gesetze. Die Liederrufe und Rezitationen kreisen um den Erlebnishorizont des Kindes. Folglich beschreiben sie ganz alltägliche Vorgänge und Handlungen. Die genannten musikalischen und textlichen Gestaltungsmaximen gelten auch für das geistliche Kinderlied. Das Kind soll „handgreiflich“ die Nähe Gottes spüren lassen. Folglich erzählen die geistlichen Lieder der Jüngsten von Gottes Gegenwart im Tageslauf (Morgen- und Abendlieder) im Jahreslauf (Schöpfungslieder) und im Kreis der nächsten Menschen. Daneben spielt im Leben des Kleinkindes selbstverständlich auch schon das Kirchenjahr eine große Rolle, zumal Feste wie Ostern und Weihnachten auch in unserer säkularisierten Gesellschaft noch von Bedeutung sind.

Geistliche Kinderlieder eignen sich hervorragend für religiöse Rituale in der Familie: das Morgengebet, das Abendgebet und Tischgebete können sehr gut musikalisiert werden. Es ist hierbei nicht entscheidend, daß die Kinder den Text inhaltlich ganz verstehen, sondern daß sie ihn sich durch stetiges

Wiederholen einprägen, bis er sich einige Zeit später immer mehr zu erschließen vermag.

Das geistliche Singen mit Kindern sollte nicht nur in deren vorgeburtlichen Zustand, sondern auch sofort nach der Geburt erfolgen. Hierbei dürfen die Eltern selbstverständlich auch ihre ihnen wichtige Gesangbuchlieder oder andere religiöse Lieder singen. Entscheidend ist hierbei die Geborgenheit, die durch das Singen der Mutter oder des Vaters für das Kind spürbar wird.

So wie das kleine Kind sein Sprechen über den Gehörsinn durch das Vorsprechen von Familienmitgliedern lernt, so findet es auch Freude am Nachsingen von Tönen, auch wenn es sie in seinem eigenen musikalischen Gestalten unter Umständen zunächst in ganz anderen Liedversionen wiedergibt. Es kommt, wie oben schon bemerkt, weder auf das perfekte Vorsingen noch auf eine genaue Wiedergabe des Kindes an, sondern auf die erlebnismäßigen Erfahrungen, die sich hierbei im zwischenmenschlichen Bereich einstellen. Lange bevor Kleinkinder Worte oder Töne nachvollziehen können, haben diese für das Kind Bedeutung. Ich erinnere in diesem Zusammenhang nochmals an das schreckliche Experiment von FRIEDRICH II. im 13. Jahrhundert. Wichtig ist, daß Kinder sehr früh mit den oben beschriebenen urtümlichen Kinderliedern in Berührung kommen, weil diese Art der Musik die besten Voraussetzungen für das eigene vokale Improvisieren bietet. Dem kindlichen Aufnahmevermögen würde es sehr entgegenkommen, wenn Eltern neben der oben erwähnten Vielzahl von geistlichen Liedern selbst eigene Gebete für das Kind erfinden oder improvisieren könnten. Die folgenden Beispiele wollen nur als Anregung dienen, sie können beliebig ergänzt oder verändert werden, z. B. zur Begrüßung am Morgen, nach der Mahlzeit, zum Einschlafen usw.

Solche Gesänge sollten oft wiederholt werden. Gerade durch die Repetition wirken sie beruhigend und schaffen eine wohltuende Atmosphäre. Um den Text nicht zu sehr strapazieren zu müssen, kann ein Wechsel zwischen Singen und Summen empfohlen werden. Derart gestaltete Improvisationen könnten natürlich mit zunehmendem Alter vom Kind selbst ergänzt werden.

Für die Kinder der Frühphase gibt es eine Fülle von geeigneten Liedern, welche dem Anliegen religiöser Erziehung voll und ganz entsprechen.

Wiederum sollen wenige Beispiele die gravierenden Tagesrituale unterstreichen[1].

Das Morgenlied „Wer hat mich erwecket, mein Aug aufgetan“ (S. 4) stellt sich als Wechselgesang dar, bei dem die Kinder zunächst nur die zweite Zeile mitsingen können. Das Bild von der „Hand Gottes“ ist sehr plastisch. Die Melodie benutzt die pentatonische Reihe. Die zweite Zeile der 4. Strophe würde ich ändern, damit sie sprachlich weniger gestelzt wirkt: „Ich bitte dich herzlich, bleib heute bei mir“.

Das Abendlied auf Seite 18 wendet sich an den Menschenbruder und Gottes Sohn Jesus. Es benutzt wieder den Text eines alten Kindergebetes, bekommt jedoch durch die neue, sich kreisförmig bewegende pentatonische Melodie eine starke suggestive Kraft: „Zur Ruh will ich mich legen“ (S. 18). Das Bild vom Nest „suggeriert“ eine umschließende Behausung, Schutz und Bewahrung. Vor allem der zweite Teil des Textes spricht das Kind in seiner Bildhaftigkeit an.

Neben den gesungenen Ritualen im Tageslauf, die nicht nur ein geistliches Grundgerüst für die religiöse Erziehung, sondern auch ein wohltuendes Ordnungsprinzip darstellen, gibt es weitere Lieder, welche bestimmte Kirchen- und Naturjahreszeiten charakterisieren.

Das geistliche Frühlingslied „Das Gras lugt aus der Krume“ (S. 43) ist mit vielen Bildern ausgestattet. Es schließt mit dem Hinweis auf die schöpferische Kraft Gottes. Die kindliche Beobachtungsgabe wird ernst genommen und spielerisch verarbeitet. Die Melodie bietet durch die Wiederholung der ersten Zeile gute Ansätze zu einem „Einstieg“ für nachsingende Kinder, ebenso bringt auch die Schlußzeile eine wörtliche Wiederholung.

Gerade dieses Liedbeispiel zeigt, wie längere Lieder vermittelt werden können: durch ständiges Vor- und Nachsingen, wobei zunächst die Kinder nur einzelne Teile mitsingen und nach und nach den Text zu ihrem eigenen Besitz machen können. Ganz großartig wäre es, wenn Eltern beispielsweise bei diesem Lied zu den einzelnen Strophen entsprechende Bilder zeigen oder selbst malen könnten. Das genannte Lied ist ein Beispiel für jene Kin-

---

[1] Die ausgewählten Lieder mit Seitenzahl stammen aus meinem mit U. ZIMMER publizierten Kinderliederbuch „Seht das große Sonnenlicht“, das im Bärenreiter-Verlag erschienen ist.

derlieder, die über mehrere Jahre hinweg gesungen werden können und nicht mit den Kleinkinderschuhen abgelegt werden müssen.

Ein Osterlied für Kinder möge folgen, das durch seinen kindgemäßen Refrain zunächst als Osterruf für das häusliche Singen in Frage kommen kann: „Christus ist nicht mehr tot“ (S. 75).

Die Melodie benutzt die sogenannte „Leierformel“, welche viele volkstümliche Kinderlieder auszeichnet. Der einfache Ruf sollte mit Gebärdenspiel und tänzerischer Bewegung unterstrichen werden. Die schlichte Nacherzählung der Strophen hat für Kinder im Vorschulalter oder zu Beginn der Grundschule nur dann einen Sinn, wenn die Ostergeschichte zuvor erzählt wurde. Aus dem Beispiel wird ersichtlich, daß solche balladenhaften Nacherzählungen biblische Geschichten repetieren können.

Ich darf in diesem Zusammenhang auch an das Weihnachtslied „Wißt ihr noch, wie es geschehen“ erinnern, das auch im Evangelischen Gesangbuch (EG) unter der Nummer 52 zu finden ist. In den einzelnen Strophen wird die Weihnachtsgeschichte episodenhaft nacherzählt. Die einzelnen Szenen werden immer wieder neu vor Augen und Ohren gestellt. Die Liedweise durchschreitet den Raum von 9 Tönen, sie ist jedoch aufgrund ihres tonleitermäßigen Ablaufs für Kinder ab 6 Jahren gut nachvollziehbar.

Selbstverständlich dürfen an dieser Stelle nicht die vielen Weihnachtslieder vergessen werden, die als geistliche Kinderlieder oder Krippenlieder noch im Gedächtnis vieler Menschen vorhanden sind. In diesen Liedern stellen sich die Kinder selbst als „Besucher“ des Stalles von Bethlehem ein, um das Kind in der Krippe zu verehren. Als bekanntes Lied muß in diesem Zusammenhang „Ihr Kinderlein kommet“ erwähnt werden (EG 43).

Der nochmalige Hinweis auf das EG zeigt, daß das neue Gesangbuch sich nicht nur als gottesdienstliches Liederbuch, sondern auch als „Hausbuch“ versteht. Singende Eltern werden deshalb im EG eine erstaunliche Anzahl von Liedern finden, die sie mit ihren Kindern singen können.

Neben der Weihnachtszeit bietet das Erntedankfest durch die damit verbundenen Schöpfungslieder ideale Möglichkeiten für das geistliche Singen mit Kindern. Diese Lieder können über mehrere Monate gesungen werden, kann man sie doch bereits im Frühling bei dem Aufblühen der Natur einführen und während der ganzen Sommerzeit bis zum Herbst repetieren. Ein

Beispiel dieser Art ist das schlesische geistliche Volkslied „Himmels Au, licht und blau" (EG 507).

Geistliche Kinderlieder erzählen jedoch nicht nur biblische Geschichten oder geben den Kindern die Möglichkeit, Gottes Schöpfung im Rahmen ihres Weltbildes erlebnismäßig zu beschreiben, sondern sie zeigen sich auch „problemorientiert". Das Thema Angst ist für die Kinder durchaus relevant und die religiöse Erziehung tut gut daran, wenn sie die Urangst des Kindes abbauen hilft. Der Gesang hat hierbei eine besondere Funktion, weil Singen und Musik angstlösend wirken. Ein Kind, das in einen dunklen Raum geht, läßt reflexhaft seine Stimme ertönen; in nicht wenigen Fällen fängt es von selbst an zu singen, zu rufen oder zu pfeifen. Das nachfolgende Kinderlied benennt die Angst und vermittelt dazu den Glauben an den, der auch im Dunkeln und im Alleinsein zugegen ist: „Manchmal hab ich Angst im Dunkeln" (EG 41, aus „Wir singen vor Freude").

Interessanterweise unterstreicht die Melodie durch ihren unüberhörbaren Wechsel von der Moll- zur Dur-Tonalität die Erfahrung der Angstüberwindung. Sie stellt musikpsychologisch dem dunklen Mollmodus des ersten Teils die hellere Klangfarbe des Durmodus gegenüber.

Könnte das vorangegangene Lied bereits schon mit Vorschulkindern gesungen werden, so wendet sich das folgende ausdrücklich an das Schulkind, denn es handelt von den Mitschülern mit einer anderen Haut und stellt die Frage nach der Freundschaft mit Ausländerkindern: aus „Laß das Kind nicht abseits stehn" (S.92 „Seht das große Sonnenlicht").

Wieder werden die übersichtlich gearbeiteten Strophen mit einer pentatonischen Melodie versehen. Durch die dreimalige Wiederholung der fallenden Anfangsintervalle kommt eine charakteristische Melodiegestaltung zustande, die einen auf der Stelle verharrenden Charakter hat und somit zum Innehalten und Handeln anregt.

Eine große Bereicherung für das geistliche Familiensingen könnte das Lied „Es müssen nicht Männer mit Flügeln sein" darstellen (S. 94 „Seht das große Sonnenlicht"). Gibt das Lied doch Anlaß, über das landläufige Engelbild nachzudenken und Gotteswirken im heute und hier neu zu entdecken. Das Lied weist gewiß schon über die Hauptphase (des Kindes) hinaus, es wird von Kindern der vorpubertären Phase (11-13jährige) genauso gerne gesungen. Entscheidend ist, daß solche Lieder auch im Gespräch verarbeitet werden.

Die genannten drei problemorientierten Lieder machen deutlich, daß in geistlichen Liedern Themen angesprochen werden können, welche in den Bereich der Ethik gehören. Der singende Umgang mit solchen Texten erlaubt infolge der Repetitionsfähigkeit eines Liedes deren Vertiefung, was wiederum eine Sensibilisierung der Kinder zur Folge hat. Solche Lieder können nicht hoch genug für die religiöse Erziehung des Kindes eingeschätzt werden.

In dem viel zitierten Kinderliederbuch „Seht das große Sonnenlicht“ gibt es eine ganze Reihe von Liedern, die zur Friedensfrage Stellung nehmen. Ich möchte an dieser Stelle zumindest eine Strophe aus einem dieser Lieder zitieren:

> „Gott wollte, daß die Menschen nicht sind wie Katz und Maus. Er sagt: ihr sollt in Frieden leben in meinem Haus.
> Gott wollte, daß die Menschen nicht leiden Haß und Not. Er sagt: ihr sollt austeilen dem Hungrigen mein Brot.“[2]

Elektronische Medien und geistliche Kinderlieder

Wenn in meinen Ausführungen des öfteren die elektronischen Medien als Gefahr für das eigene kindliche Gestalten apostrophiert wurden, so war damit die unkontrollierte Beschallung der Wohn- und Lebensräume gemeint, die einem eigenen Fühlen und Denken entgegenstehen. Einem gezielten Einsatz von Schallplatte und Cassette ist jedoch nichts entgegenzusetzen. Die vorhandenen Kinderliedereinspielungen können zum einen die Eltern mit Kinderliedern bekannt machen, zum anderen ist es auch möglich, daß Kinder bei solchen Liedern bewußt zuhören lernen, zumal wenn ein Lied, das vom Lautsprecher ertönt, ihnen bereits schon bekannt ist.

Besonders empfehlenswert sind jene geistlichen Kinderliederbücher, die nicht nur Akkordbuchstaben mit Gitarre oder Klavier enthalten, sondern mit einer Schallplatteneinspielung flankiert sind. Solche Bücher enthalten in der Regel auch leichte Instrumentalstimmen für Blockflöte und sogenannte Orff-

---

2 Text: Rudolf WIEMER, S. 104 „Seht das große Sonnenlicht“

instrumente, die genauso in der Hausmusik wie in der Schule oder im Kindergarten Verwendung finden können.

Aus dem reichhaltigen Angebot möchte ich zwei solcher kombinierter Ausgaben von Buch und Schallplatte nennen und einige Beispiele daraus empfehlen:

1. Zu dem bereits mehrfach zitierten Kinderliederbuch „Seht das große Sonnenlicht“ gibt es auch eine Cassette, die Klangbeispiele können im Buch mitgelesen werden; z. B. „Martin reitet durch den Wald“ (S. 82) oder „Ich hab ein kleines Brüderchen“ (S. 84).

2. Das von mir mit G. ROSEWICH veröffentlichte geistliche Kinderliederbuch für die Grundschule „Wir singen vor Freude“ bietet durch die beigefügte CD die Möglichkeit des Mitsingens; denn nur die erste Liedstrophe wird vokaliter dargeboten und die folgenden Strophen bringen sodann ein Instrumentalarrangement, das sich zum Mitsingen eignet. Vor allem ältere Kinder werden auf ein solches Angebot interessiert reagieren und über das übersichtlich angeordnete musikalische Arrangement erfreut sein; denn ihre Hörgewohnheiten sind normalerweise vom klangvollen Sound eines musikalischen Arrangements geprägt. Insofern stellen die genannten Einspielungen einen Kompromiß zwischen dem musikalischen Zeitgeschmack und unserem pädagogischen Anliegen dar, z. B. „Wir teilen die Äpfel aus“ (Nr. 55), „Allein können wir nicht leben“ (Nr. 59).

Aus den vorgestellten Klangbeispielen wird ersichtlich, daß es durchaus zu einer verträglichen Harmonie zwischen technischen Mittlern und dem eigenen musikalischen Gestalten in der Familie, im Kindergarten oder in der Schule kommen kann, wenngleich der persönliche Kontakt von den Menschen, die vorsingen und denen, die zuhören und mitsingen, durch nichts in seiner kommunikativen Ursprünglichkeit ersetzt werden kann.

Zusammenfassung

Die Beeinflussung der elektronischen Medien im privaten und gesellschaftlichen Bereich wird höchstwahrscheinlich noch zunehmen und auch das religiöse Verhalten von Menschen verändern. Man kann die Entwicklung nicht aufhalten, aber man kann nicht zuletzt durch die religiöse Erziehung der Kinder die menschliche Phantasie und Verantwortung sensibilisieren und damit zur Entfaltung der geistigen und seelischen Innenwelt des Menschen beitragen. Die geistliche Substanz des Denkens und Fühlens solcher Menschen und deren ethische Verantwortung werden zur Erhaltung der menschlichen Individualität dringend gebraucht, denn nur in der persönlichen Begegnung mit religiösen Botschaften und den daraus resultierenden Erfahrungen kann sich geistliches Leben entwickeln.

Das Medium Musik hat im Blick auf die Vermittlung des biblischen Glaubens an den dreieinigen Gott eine vielleicht bis dato noch nicht richtig erkannte, wichtige transformatorische Aufgabe. Durch die besondere Affinität des Kindes zum elementaren Musikerleben sind der religiösen Erziehung durch musikalische Vermittlungen große Chancen gegeben, wenn diese bereits im frühesten Kindesalter und sogar in der pränatalen Phase angewandt werden. Musik als Medium religiöser Erziehung ist deshalb für das Leben des Kindes unverzichtbar.

Literatur

DORNES, M. (1993): Der kompetente Säugling, in Geist und Psyche, Frankfurt.

HAAS, D./WIRTH, R. (Hg.) (1978): Alles ist neu. Lehrerhandbuch zu „Religion", Lahr/Frankfurt.

HAMEL, P. M. (1980): Durch Musik zum Selbst, Kassel.

KAHL, R.: Durcheinander im Ohr. Rundfunksendung (aus „Pädagogische Provinz") vom 6. August 1994, SWF Baden-Baden.

KELLER, W. (1970): Ludi musici (Bd. I). Spiellieder, Sprechverse und Tanzlieder, Boppard/Rhein.

NEUHÄUSER, M. (1971): Musikalische Früherziehung, Frankfurt/Main.

RAUHE, H./Flender, R. (1986): Schlüssel zur Musik, Düsseldorf/Wien.

ROSEWICH, G./SCHWEIZER, R. (1995): Wir singen vor Freude. Liederbuch für den Religionsunterricht der Grundschule (mit CD), Lahr.

SCHWABE, Ch. (1972): Musiktherapie bei Neurosen und funktionellen Störungen, Jena.

SCHWEIZER, R. (1996): Ritual und Aufbruch. Gesammelte Aufsätze, München.

SCHWEIZER, R./ZIMMER U. (1981): Seht das große Sonnenlicht. Kinderliederbuch (mit Cassette), Kassel.

WOLF, M. (1977): Miteinander Musizieren. Singen, Tanzen und Improvisieren mit Kindern, München/Göttingen.

Vergeßt mir die Familie nicht

Familie als herausragender Lernort des Glaubens [1]

Hartmut Rupp

Ich möchte im folgenden Beitrag die Bedeutung der Familie als Lernort des Glaubens erörtern. Ich möchte dabei aufzeigen, wo ich gegenwärtig Nachholbedarf in unserer kirchlichen Arbeit sehe. Und ich möchte schließlich einige praktische Vorschläge machen. Damit das Ganze im rechten Licht erscheint, möchte ich zwei Bemerkungen vorausschicken:

Vorbemerkungen

1. Familie ist nicht Papa, Mama und zwei Kinder. Familie ist in meiner Sicht jede „Lebensgemeinschaft mit Kindern". Dabei meint „Lebensgemeinschaft" die kontinuierliche, verbindliche, persönliche Begleitung in der Lebensgeschichte sowie die verläßliche Versorgung. Unverheiratete und Alleinerziehende sind damit miteingeschlossen, ebenso Oma, Mama, Tochter. Wer will, kann weitere Varianten ausmachen. Das Familienleben ist heutzutage recht bunt.

   Diese Definition dient nicht dazu, den Familienlastenausgleich durchzuführen oder das Steuerrecht zu ändern. Sie dient dazu, Diskriminierung abzuwehren und alle diejenigen aufzunehmen, die sich selber als Familie verstehen.

   Ich hoffe, daß damit deutlich geworden ist, daß ich mich nicht an einer allgemeinen Klage über einen Werteverfall noch gar einem amerikanischen *roll back* beteiligen möchte. Gegen eine Feier der Individualisierung und Pluralisierung der Familienformen möchte ich jedoch bitten, zur Kenntnis zu nehmen, daß heute noch über 80 % der Heranwach-

---

[1] Der Beitrag beinhaltet Konsequenzen der Tagung in Flehingen, die ich anläßlich der Dekanskonferenz am 30. September 1996 in Beuggen vorgetragen habe.

senden bis 18 Jahre mit ihren leiblichen Eltern aufwachsen. Es gibt neben den Alleinerziehenden auch noch „Papa und Mama-Familien“ und die allermeisten davon sind auch noch verheiratet. Dies sagen empirische Daten aus dem Jahr 1992 und die Familienstatistik kennt bislang keine großen und überraschenden Sprünge.

2. Was ich vorschlage, beansprucht energie- und veränderungsarm zu sein. Weder soll noch mehr Arbeit, noch eine Umgestaltung der Gemeinden gefordert werden. Ich bitte, mich an diesem Anspruch zu messen.

Stärken und Schwächen einer kinder- und familienorientierten Gemeindearbeit

Vermutlich haben einige bei dem Thema „Vergeßt mir die Familie nicht“ mild gelächelt. Für die Familie wird in der eigenen Gemeinde schon viel getan. Dies trifft bestimmt zu und ist auch gut so. Viele praktizieren schon einen intensiven „tauforientierten Gemeindeaufbau“. Die Taufe ist hier ein erlebnisreiches Fest, zu jedem Tauftag kommt ein Gruß aus der eigenen Gemeinde, Familiengottesdienste werden groß geschrieben, Tauferinnerungsgottesdienste sind eine Selbstverständlichkeit, die Taufsymbole Licht, Wasser, Hand, Kleid werden intensiv entfaltet. Einzelne feiern Gottesdienste zum Beginn des Kindergartens. Mancher plädiert als Konsequenz aus der Taufe für das Abendmahl mit Kindern und lädt Kinder, Väter und Mütter zur gemeinsamen Abendmahlsfeier ein. Der Schuldekan in Heidelberg praktiziert einen Religionsunterricht für Erwachsene und spricht damit die Eltern seiner Schülerinnen und Schüler an. Im Oberkirchenrat traf sich eine Abordnung badischer Kinder mit dem Kollegium zu einem Kinderkirchengipfel. Bestimmt gibt es noch einige gute Modelle mehr.

Betrachtet man die gegenwärtige Praxis aber auch Initiativen, Projekte und Konzepte, so lassen sich meines Erachtens idealtypisch vier Ansätze für die Arbeit mit Kindern und Eltern unterscheiden, die alle Wert darauf legen, „gemeinsam mit Kindern und Eltern in der Gemeinde Glaube zu leben“ (s. Tabelle S. 138):

Alle vier Modelle nehmen Kinder ernst, sprechen Eltern an und bieten Impulse für ein christliches Familienleben.

Kategorien	*Kinderfreundliche Gemeinde*	*Kinder- und familienfreundliche Gemeinde*	*Tauforientierte Gemeinde*	*Lila Faden*
Zielpunkt	Räume eröffnen für die Bedürfnisse, Interessen und Rechte von Kindern. Aufbau von Schutz- und Entwicklungsräumen für Kinder	Erweiterung des Handlungs- und Kommunikationsraumes der Familie. Gemeinde als Großfamilie und Ort erfahrener Liebe	Lebensgeschichtliche Entfaltung der Taufbotschaft, dabei Bezug zur Gemeinde als Gemeinschaft der Getauften stärken	Begleitung von Müttern, Vätern und Kindern an den erwartbaren krisenhaften Übergängen des Lebens
Inhalte	„Gegenräume für ein ganzheitliches, eigenständiges Leben: Kinderparlamente, Kinderkirchengipfel, Kindertelefon, Hausaufgabenhilfe, Visitationen unter Beteiligung von Kindern	Eltern-Kinder-Gruppe, Kindergottesdienst, Familiengottesdienst, generationenübergreifende Freizeiten, Krabbelgottesdienste, Kindertheater, Kinderbibelwoche	Feier der Taufe und der Tauftage, Tauferinnerung, Familiengottesdienste, Tauftagbesuche, Taufseminare, Abendmahl mit Kindern	Segnungsgottesdienste an lebensgeschichtlichen Schwellen (Geburt, Eintritt in den Kindergarten, in die Schule, Konfirmation, 18. Geburtstag)
Sitz im Leben	Kinderarbeit	Kindergottesdienst	Osternacht, Taufe	Kasualgottesdienste
Charakter	Sozialpädagogisch	Spielend, feiernd	Liturgisch	Kasuell
Leittheorie	„Perspektivenwechsel“. Kinder sind nicht Objekte einer Betreuung, sondern Subjekte ihrer Entwicklung	Familiäre Erziehung braucht Begleitung, Entlastung, Erweiterung	„Den alten Adam täglich ersäufen“ Taufe braucht Erinnerung und Bestätigung	„Kirche bei Gelegenheit“
Fragen	Nur Kinder? Schwacher Gemeindebezug?	Einheit der Gemeinde?	Nur geringe Rückwirkung auf Familie?	Fehlende Kontinuität?

Tabelle 1: Idealtypische Konzepte der Arbeit mit Kindern und Vätern, Müttern und Paten

Der bei vielen Pfarrerinnen und Pfarrern naheliegende „tauforientierte Gemeindeaufbau“ macht den Tauftag und die Taufkerze zu einem häuslichen Ereignis. Im Familiengottesdienst lernt man Lieder, die man zuhause wieder singen kann. Am Ausgang werden Kinderbibeln und Gebetbücher angeboten.

Der Ansatz bei dem Abendmahl mit Kindern kennt die Idee, daß Eltern mit ihren Kindern über das Abendmahl sprechen. Im Kindergarten wird gebetet und gesungen. Kinder werden darüber zu Missionare in den Familien. Es gibt also durchaus Brücken von der kinderfreundlichen Gemeinde in die Familie hinein.

All das aktiviert und bereichert zunächst einmal das Gemeindeleben. Kinder, Väter und Mütter werden zu Adressaten guter Bemühungen. Gottesdienste sind lebendig und schön. Aber - und hier setzt mein Nachdenken ein - es dient noch nicht unbedingt einer Stärkung der religiösen Erziehung *in* der Familie. Zugespitzt formuliert: Wir tun noch zu wenig, um Familien instandzusetzen, die religiöse Erziehung ihrer Kinder eigenverantwortlich zu gestalten.

Dies ist fatal und hat historische Wurzeln!

Familie als herausragender Lernort des Glaubens

Dies ist fatal, weil damit die Familie als „herausragender Lernort des Glaubens" (Bernhard GROM) nicht ernst genug genommen wird. Alle empirischen Ergebnisse weisen darauf hin, daß „jemand, der nicht in einem religiös-kirchlichen Elternhaus aufwächst, nur unter besonders günstigen Umständen, die heute so selten sind wie Erwachsenentaufen, einen Zugang zu Glaube und Kirche findet." (vgl. GROM, S. 23)

In der religiösen Sozialisation bestimmen überwiegend die Eltern. Die Mitgliedschaftsstudie der EKD „Fremde Heimat Kirche" stellt fest, daß zu 75 % die Eltern und zu 21 % die Verwandten in religiösen Fragen prägend sind. Erst danach kommen mit 23 % Pfarrerinnen und mit 17 % die Lehrerinnen. GROM weiß, daß der Einfluß der Eltern auf das Gebet viermal so groß ist wie der kirchlicher Mitarbeiter.

Gegen alle Bemühungen, die Familie als defizitär zu beschreiben, gehört es heute zur allgemeinen Einsicht in der Familiensoziologie, daß Familie etwas vermittelt, was nur sie vermittelt und vermitteln kann. Familie vermittelt nämlich „Daseinskompetenz". Hier erwerben Kinder die Fähigkeit, das Alltagsleben in der komplexer gewordenen Welt zu bewältigen. (*5. Familienbericht* der Bundesregierung, S. 26). Hier erwerben Heranwachsende Vertrauensbereitschaft, Beziehungsfähigkeit, Verantwortungs- und Leistungsbereitschaft, Zuverlässigkeit und Kreativität. Hier erfahren sie zuerst, was Menschsein in dieser Welt bedeutet und wie man andere Menschen wahrnehmen kann. Wenn Glaube helfen will, Welt und Leben angemessen wahrzunehmen, dann muß er hier schon wirksam werden.

Selbstverständlich ist es nicht gleichgültig, wie religiöse Erziehung in der Familie aussieht. Befriedigende, partnerschaftliche Elternbeziehungen, glaubwürdige Vorbilder sowie die Verständlichkeit und Erlebbarkeit sind konstitutiv für eine gelingende religiöse Erziehung.

Ein Gedanke hinzu: Ich halte es auch „betriebswirtschaftlich" gesehen für nötig, Väter und Mütter für die religiöse Erziehung der Kinder zu gewinnen. Gemeinde kann dies schlicht gar nicht mit ihren eigenen Kräften schaffen!

Geschichtliche Rekonstruktionen

Schaut man einmal in die Arbeitshilfe „Abendmahl feiern mit Kindern" – die zurecht eine Neuauflage verdient – dann kann man feststellen, daß die Vorbereitung für das Abendmahl mit Kindern zunächst einmal bei Erzieherinnen, Religionslehrerinnen und Mitarbeiterinnen des Kindergottesdienstes liegt. Väter und Mütter werden in den Ausführungsbestimmungen nicht eigens bedacht. Sie werden ganz selbstverständlich zu dem Abendmahl eingeladen, doch sie werden als Lehrende nur zaghaft einbezogen. Das Elternseminar dient eher dazu, eigene Widerstände abzubauen und das Mitgehen vorzubereiten. Die Initiative liegt wie auch bei der Tauferinnerung weitgehend bei der Gemeinde und ihren Spezialisten. Trauen wir den Vätern und Müttern, aber auch den Paten und Großeltern nichts mehr zu?

Nun ist die Abendmahlsunterweisung nicht einfach, ich weiß das. Es gibt auch enttäuschende Erfahrungen. Wenn man sieht, wie sich Taufeltern im Gottesdienst verhalten können, dann kühlt das Vertrauen in die religiöse Kompetenz der Eltern schon merklich ab. Doch die Zuständigkeit der Gemeinde hat historische Wurzeln.

In den letzten Jahrzehnten ist es zu einer Zunahme familienexterner, professioneller religiöser Erziehung gekommen. Es gab für viele länger Religionsunterricht, der Konfirmandenunterricht wurde verlängert, die religiöse Erziehung wurde insgesamt verwissenschaftlicht und professionalisiert. Kinder- und Jugendarbeit wurde in vielen Gemeinden in die Hände von Gemeindediakoninnen gelegt.

Diese Entwicklung hängt auf der einen Seite zusammen mit einem Prozeß funktionaler Differenzierung, in dem gesellschaftliche Institutionen sich immer mehr ausdifferenzierten und spezialisierten. Kirche und Gemeinde wurden dabei zu Spezialisten und Zuständige für religiöse Erziehung und für Religion überhaupt. Theologiegeschichtlich geht damit einher eine Monopolisierung der christlichen Religion in der Gemeinde. Wer nicht am Gemeindeleben teilnimmt, kann mit Gott und Glaube nicht viel zu tun haben.

Dieser Entwicklung korrespondiert auf der anderen Seite die Abnahme sozialer Kontrolle in der persönlichen Lebenswelt, eine Enttraditionalisierung individuellen Lebens sowie eine Pluralisierung weltanschaulicher und ethischer Standpunkte. Reinkarnation ist „in". Und für die Moral gilt: „Anything goes". Auf seiten der Väter und Mütter führte diese Entwicklung aber zu einer Verunsicherung in religiösen Fragen und in Fragen religiöser Erziehung. Was wirklich gilt und gelten soll, ist fraglich geworden.

Die Folge dieser Entwicklung war eine Doppelbewegung: Auf der einen Seite führte die Spezialisierung und Professionalisierung zu der Entwicklung einer Betreuungskirche. Auf der anderen Seite kam es bei Eltern zum Gefühl der Inkompetenz und in Konsequenz davon zur Delegation religiöser Erziehung an Gemeinde und Kirche. Die Koalition von Familie und Kirche löste sich auf.

Ein Kritiker wie Gerhard RAU sieht in diesem Zusammenhang die „Ineffizienz" und die „Insuffizienz" von Religionsunterricht und Konfirmandenunterricht begründet. Weil diese aufnehmen und bearbeiten wollen, was im Elternhaus vorbereitet wurde, hängen sie nun schlicht in der Luft. Ohne religiöses Erleben in primären Gruppen hat die hermeneutische Reflexion in Orten sekundärer religiöser Sozialisation keinen Gegenstand mehr. Ohne die vorrationale Begegnung mit christlicher Tradition in der Familie ist ihre reflexive Bearbeitung „objektiv" sinnlos. Ergänzend zu RAU sei allerdings bemerkt, daß die schulische Religionspädagogik dies schon bemerkt und Gegenmaßnahmen ergriffen hat. Zu erinnern ist an die Symboldidaktik und ein erfahrungsorientiertes Lernen im Religionsunterricht (vgl. RAU, S. 43f.).

Konsequenzen

Die Konsequenz dieser Einsichten ist, Eltern, Paten und Großeltern wieder mehr erzieherische Kompetenz in religiösen Fragen zuzuschreiben und sie darin zu unterstützen und zu stärken, „geistliche Eltern" zu sein. So ist das Thema zu verstehen „Vergeßt mir die Familie nicht". Es geht darum, Väter und Mütter sowie Großeltern und Paten zu stärken, die religiöse Erziehung ihrer Kinder und Enkel zumindest in den ersten Lebensjahren selber in die Hand zu nehmen.

Das ist nicht nur eine praktische, sondern auch eine theologische Frage. Wir sollten einmal festhalten: In Zeugung und Geburt nimmt Gott Menschen als Mitarbeiterinnen an der Erhaltung, Bewahrung und Erneuerung der Schöpfung in Anspruch. Jedes Kind ist Ausdruck der Hoffnung auf Gottes neue Welt. Gott beruft Menschen, an seinem Erlösungswerk mitzuwirken, die Kinder Gottes Güte erfahren zu lassen und sie freizugeben für ihr eigenes Leben. Väter und Mütter haben von Gott her durch ihre Generativität eine eigene Würde und Aufgabe. Sie sind aufgrund ihrer Elternschaft „Apostel und Bischöfe" ihrer Kinder. Und ich meine, daß Gott zu dieser Würde und Aufgabe auch Kompetenzen schenkt.

Diese Aufgabe und diese Inanspruchnahme darf jedoch nicht als zusätzliche Belastung empfunden werden. Väter und Mütter stehen heute unter einem unerhörten Leistungsdruck - von außen und von innen. Dieser Leistungsdruck wirkt in der Regel kontraproduktiv. Kinder erfahren dadurch nicht mehr Freiheit, sondern immer mehr Einengung. Eltern wollen für ihr Kind nur das Beste - und setzen sich damit selbst und ihr Kind einem riesigen Streß aus. Der Versuch, Väter und Mütter darin zu stärken, ihr göttliches Amt wahrzunehmen, muß deshalb zwanglos, entlastend und ohne Schuldzuweisungen daherkommen. Wir müssen das besser machen als die Zeitschrift „eltern for family".

Dabei ist es auch einmal gut zu wissen, was sich in der katholischen Kirche tut. Hier gibt es eine interessante Initiative und eine anregende Diskussion. Der Tübinger Religionspädagoge Albert BIESINGER sucht derzeit einen Ansatz aus Lateinamerika in Deutschland, genauer in Stuttgart, bekannt zu machen und auszuprobieren. Er praktiziert eine „Familienkatechese". Er geht davon aus, daß Familien durchaus die Fähigkeit haben, „Glaubensunterweisung" durchzuführen und sogar die „Eucharistiekatechese" in die Hand zu nehmen. Nicht nur ein paar, sondern alle Eltern sollen sich am

„Kommunionsweg“ der Kinder beteiligen. BIESINGER geht es wie den Kirchen in Chile und Peru um eine „Evangelisierung der Familien“. Er geht von folgender Überzeugung aus:

> „Wenn die Gottesbeziehung nicht in der Familie gelebt wird, der Glaube an Jesus Christus nicht wieder in die Familie zurückkommt und diese nicht die Basis der Entwicklung auch im Glauben sind, werden Kinder und Jugendliche in unserer spezifischen gesellschaftlichen Struktur kaum mehr die Transzendenzebene, erst recht nicht die Gottesbeziehung wahrnehmen können.“[2]

Schritte auf dem Weg zur Stärkung der religiösen Erziehung in der Familie

Ich sehe drei Schritte auf dem Weg zur Stärkung der religiösen Erziehung in der Familie: Gemeinsames Nachdenken, Bewährtes bedacht fortführen, Hilfreiches ergänzen.

a) *Gemeinsames Nachdenken*
Am Anfang sollte ein wenig Nachdenken, Kopfarbeit stehen und damit verbunden eine nüchterne Wahrnehmung unserer eigenen Wirklichkeit.

Dazu gehört das Eingeständnis, daß die bisherige Koalition von Familie und Kirche brüchig geworden ist. Familie sieht es nicht mehr als ihre ureigene Aufgabe an, religiöse Erziehung zu leisten. Und wenn sie religiös erzieht, dann nicht unbedingt so, wie Kirche und Gemeinde Glaube sehen wollen. Die Religiosität unserer Zeitgenossen ist bunt, uneinheitlich und vorreflexiv. Wer alles am Gemeindeglaube mißt, wird nur Defizite wahrnehmen. Die Frage ist jedoch, ob wir uns nur diese Brille aufsetzen wollen und sollen. Es gibt Theologen, die fragen nach der Religionsfähigkeit der Kirche.

Dazu gehört auch die Einsicht, daß Väter und Mütter nur das akzeptieren, was ihnen und ihren Kindern etwas „bringt“. Und es bringt vor allem etwas, wenn es der Selbstbestimmung und dem Selbstbewußtsein und der Eigenverantwortlichkeit der Kinder und der Familie dient. Hier

---

2 Publik-Forum 6, 1996, S. 41

zeigt sich der oft beschworene Wertewandel. Anpassung ist *out*, Selbständigkeit ist *in*.

Ich kann darin noch nicht den Untergang des Abendlandes sehen. Ich suche darin vielmehr die Wirkungsgeschichte des christlichen Glaubens und vor allem des Protestantismus zu entdecken. Sind nicht LUTHER und BONHOEFFER nachhaltig für Freiheit eingetreten?

Ich möchte deshalb mit Vätern und Müttern darüber reden, was christlicher Glaube für die Kinder „bringt“ und inwiefern gerade dieser Glaube eine wichtige Hilfe ist auf dem Weg zu Selbständigkeit und Selbstbewußtsein. Unterwegs müssen wir dann auch einmal darüber reden, was wir mit Selbstbewußtsein und Selbständigkeit eigentlich meinen. In Anlehnung an Karl BARTHs Kritik der historisch kritischen Methode möchte ich gerne formulieren: Freier sollte sie werden die Freiheit.

Um so richtig frei zu werden, brauchen Kinder viel Geborgenheit und Vertrauen, wie sie gerade im Gebet zum Ausdruck kommen. Kinder brauchen Engel oder die Hand Gottes, Geschichten von Führung, Rettung und Heilung, um sich getrost auf den Lebensweg machen zu können.

- Kinder brauchen Gemeinschaft mit den Eltern, mit anderen Menschen und mit Gott. Die Taufe spricht diese Gemeinschaft zu.

- Kinder brauchen Lebenszuversicht, um aufrecht gehen zu können. Sie brauchen die Hoffnung auf Gottes segnendes Handeln, die Zuversicht, daß Gott mitgeht.

- Kinder brauchen Stille und innere Sammlung, Gebet und Meditation, das Hören auf Klänge. Sie brauchen das Innehalten, um frei werden zu können von dem allgegenwärtigen Medien- und Unterhaltungsangebot.

- Kinder brauchen gute Rhythmen für den Tag, die Woche und das Jahr. Kinder brauchen Rituale am Anfang und Ende des Tages. Sie brauchen Sonntage und Feiertage, um mit der Zeit umgehen zu können.

- Kinder brauchen Symbole, sichtbare, sinnliche Zeichen, an denen anschaulich wird, was hält, trägt und Hoffnung gibt. Kinder brauchen ein Schnuffeltuch und eine Kerze. Sie brauchen Teddy-Bären und Engel.

- Kinder brauchen auch eine verläßliche und eigenständige Verhaltensorientierung, die unabhängig von oder auch kritisch gegenüber aktuellen Angeboten und Verboten der Erziehenden machen kann. Zu denken ist hier an die Zehn Gebote, das Liebesgebot, Geschichten von Gottes Eintreten für Gerechtigkeit und von Jesu Eintreten für Benachteiligte.

Ich sage das so ausführlich, weil ich meine, daß wir selber auch die Kompetenz brauchen, Eltern verständlich zu machen, was christlicher Glaube für Kinder bringt. Religiöse Erziehung wäre dann nicht mehr daran orientiert, was sie für die Gemeinde, sondern was sie für die Menschen bringt.

b) Bewährtes weiterführen

Es geht nicht darum, jetzt alles anders zu machen. Bewährtes soll fortgeführt werden. Deshalb bitte ich den Ansatz „Gemeinsam mit Kindern und Eltern in der Gemeinde Glauben leben" fortzuführen und dabei die Brücken in die Familie hinein zu stärken:
- Paten in die Taufe einbeziehen,
- mit den Eltern ein Ritual für den Tauftag erfinden,
- im Kindergarten Basteleien für die Feste im Kirchenjahr fertigen,
- Kinderbibeln, Gebetbücher, Hausbücher und Liederkassetten im Foyer des Kindergartens auslegen,
- Elternseminare zum Kinderabendmahl anbieten,
- Lieder im Krabbelgottesdienst singen und üben,
- Tauferinnerungsbriefe persönlich am Tauftag überbringen und Fotos von der Taufe anschauen,
- Familienfreizeiten mit guten Rhythmen durchführen,
- im Gemeindebrief eine Kolumne über das Kirchenjahr mit seinem Brauchtum eröffnen.

In meinen Augen sind Morgen- und Abendrituale sowie das Kirchenjahr ausgezeichnete Orte im Familienleben, in denen die erzieherische Kompetenz der Eltern in religiösen Fragen gefragt ist. Hier muß die Stärkung ansetzen. Hinzu kommen die überraschenden Kinderfragen. („Papa, gibt es Gott?"), die Geburt eines Geschwisterchens, der Tod der Oma oder des Meerschweinchens, die Angst vor dem Dunkeln und die Erfahrung, richtig Mist gebaut zu haben.

Für diese Situationen hat Rolf SCHWEIZER einfache Lieder für das „geistliche Familiensingen" komponiert und auch ausgewählt. Könnte der Kantor einer Gemeinde nicht daraus eine Musikkassette machen, und die Familie bekommt diese als Taufgeschenk?

An diesem „geistlichen Familiensingen" zeigt sich ein Zielpunkt meiner Überlegungen: Es ist die Entwicklung einer „Familienspiritualität" oder einer „christlichen Familienkultur" und damit die Inanspruchnahme der Familie als „Hauskirche". Väter und Mütter sind darin Priesterinnen und Priester. Für diese Familienspiritualität fehlen uns bislang noch einladende Varianten. Es muß doch noch einige Alternativen zu Tageslosung und Tischgebet, zu Haydns Schöpfung am Sonntagmorgen oder zu dem grünen Kranz an der Haustür geben. Hier sollten wir einmal gemeinsam phantasieren.

c) Hilfreiches ergänzen

Die bisherigen Modelle gehen noch immer den Weg „Gemeinde - familienorientiertes Gemeindeleben - Familie". Ich meine, es bedarf zusätzlich einiger Modelle, wie die Familie direkt ohne notwendige gemeindliche Betreuung angesprochen und für religiöse Erziehung interessiert werden kann. Noch einmal sei das „betriebswirtschaftliche" Argument bemüht: Wir brauchen Instanzen, die uns in einer wichtigen Sache Arbeit sparen - und diese möglicherweise sogar noch besser machen als wir oder zumindest das effektivieren, was wir machen. Die Formel heißt: Menschen lustig zu machen, unsere Arbeit zu übernehmen. Dazu gibt es durchaus Ansätze: Taufelternbriefe, Familienzeitschriften, Hausbücher zum Kirchenjahr, Bücher von Regine SCHINDLER oder Adventskalender aus dem Kaufmann Verlag (vgl. SCHUPP, S. 114f.).

Eine besondere Variante ist meines Erachtens „tripp trapp“; es vereinigt Tauforientierung, Elternbriefe, biblische Erzählungen, Gebete, Lieder, Musik, Bilder, Spielzeug, Kirchenjahr, Brauchtum zu einem „familienpädagogischen“ Konzept. Das Programm besteht aus 19 Paketen, die zwischen der Geburt und dem Schuleintritt alle vier Monate dem Kind ins Haus geschickt werden. Hier wird der christliche Glaube in lebensgeschichtliche Portionen verpackt und der Briefträger zum Boten einer guten Botschaft gemacht. Die Pakete bilden zusammengefaßt ein kleines Curriculum, in dem allgemeine und religiöse Erziehung bedacht miteinander verknüpft werden. Innere Prinzipien sind Pünktlichkeit, Folgerichtigkeit und Klarheit. Adressat sind die „treuen Kirchenfernen“, die ganz selbstverständlich ihre Kinder taufen lassen, aber dann nur noch bei Kasualien zu sehen sind (vgl. RELLER, S. 71ff.).

Diese Pakete werden von einem gemeinnützigen Verlag angeboten. Eltern, Paten oder Großeltern kaufen sich die religiöse Erziehung selber und bekommen damit eine Chance, ihrem Taufversprechen „niedrigschwellig“ nachzukommen. Die Pakete bringt die Post und nicht der Gemeindepfarrer. Ich brauche für die religiöse Erziehung im Elternhaus keinen hauptamtlichen Mitarbeiter einzustellen und keinen eigenen Kreis in der Gemeinde anzubieten. Und das Schönste ist: Die Pakete verweisen immer wieder auf Gemeinde und laden zu ihr ein.

Der Weg geht also gerade umgekehrt: Nicht von der Gemeinde zur Familie, sondern von der Familie zur Gemeinde. Selbstverständlich funktioniert die Sache nicht automatisch. Die Spielregeln des Marktes, denen sich das Angebot aussetzt, verlangen Werbung. Der „Sitz im Leben“ einer solchen Werbung könnte das Taufgespräch sein. Da ich meinem Patenkind dieses Paketprogramm geschenkt habe, kann ich leicht erzählen, wie es dort ankommt. Wer Erfahrungen sammeln möchte, kann ja drei Familien für ein Jahr solche Pakete schenken und nachher in der Gemeinde darüber erzählen lassen. Das Abonnement für ein Jahr kostet 88,50 DM.

Ich sehe in „tripp trapp“ eine bedenkenswerte Konzeption, Väter und Mütter als „geistliche Eltern“ zu gewinnen und die religiöse Erziehung in der Familie zu stärken.

Natürlich haben diese Pakete auch Schwächen. Sie nehmen meines Erachtens noch nicht ausreichend in den Blick, was an Religion in Familien heute vermittelt wird. Da gibt es Engel und Wiedergeburt, „Weißt du wieviel Sternlein stehen?“ und St. Martin, das Christkind und Co. Aber: Die Vollkommenheit ist dem Himmelreich vorbehalten. Viele Pfarrerinnen und Pfarrer werden diese Pakete kritisieren und das eine oder andere unmöglich finden. Es ist dann wie so oft in unserer Kirche: Weil man nur das gut findet, was man selber gemacht hat, macht man es lieber selber schlechter oder macht lieber gar nichts, nur um einem unmöglichen Bilderbuch nicht aufzusitzen. Eine Gemeinde fand das Konzept ganz gut, aber die Realisation nicht. Man nahm sich deshalb vor, so etwas selber zu machen. Es ist bis heute nicht fertig. Es wäre in meinen Augen gut, wenn man auch etwas verwenden würde, was nur zu 76 % Zustimmung findet.

Otto Katalog

„Vergeßt mir die Familie nicht!“, so habe ich diesen Beitrag überschrieben. Kirche tut viel für Familie, das will ich so sehen. Sie bietet Beratungshilfen an, engagiert sich in der Familienpolitik und übt sich darin, gemeinsam mit Kindern und Eltern Glauben zu leben. Zu intensivieren sind aber Ansätze, die die religiöse Erziehung in der Familie stärken. Dies aufzuzeigen, war Ziel meiner Überlegungen. Ich sehe in diesen vier verschiedenen Ansätzen ein Netzwerk für die Familie. Sie gehören zusammen und sind aufeinander bezogen. Wie die einzelne Gemeinde ansetzt und gewichtet, muß sie jeweils selbst entscheiden.

Auf der Akademietagung in Flehingen wurde uns klar, daß es kein Konzept für alle Gemeinden in unserer Landeskirche gibt. Gemeinden sind verschieden. Was in der einen Gemeinde gut geht, geht woanders überhaupt nicht. Hier spielen unterschiedliche Milieus und unterschiedliche Regionen eine große Rolle. Um Gemeinden lustig zu machen, über die verschiedenen Ansätze in der Kinder- und Familienarbeit nachzudenken, haben wir uns im Religionspädagogischen Institut - gemeinsam mit anderen - vorgenommen, einen „Otto-Katalog“ zu erstellen. Darin sollen Ideen gesammelt und vorgestellt werden, wie in der Gemeinde (besser: ein Arbeitskreis „kinderfreundliche Gemeinde“) die religiöse Erziehung in der Familie und das Zusammenleben mit Kindern und Familien gestärkt werden kann.

Verfasser

Dr. Gernot Czell ist Pfarrer und Diplompsychologe in der Ehe-, Familien- und Lebensberatungsstelle des Kirchenkreises Siegen.

Dr. Ulrich Fischer ist Landesbischof der Evangelischen Landeskirche in Baden, Karlsruhe.

Professor Dr. Bernhard Grom ist Religionspädagoge und -psychologe an der jesuitischen Hochschule für Philosophie in München.

Eva-Maria Heil arbeitet als Pädagogin bei der Bundesarbeitsgemeinschaft für Familienbildungsstätten in Stein bei Nürnberg.

Angela Mathieu arbeitet als Fachberaterin von Tageseinrichtungen für Kinder beim Diakonischen Werk in Karlsruhe.

Professor Dr. Rosemarie Nave-Herz lehrt Soziologie an der Universität Oldenburg.

Professor Dr. Gerhard Rau lehrt Praktische Theologie an der Universität Heidelberg.

Dr. Horst Reller ist Oberkirchenrat i. R. und ist Geschäftsführer des Verlags Eltern und Kinder in Gera.

Dr. Hartmut Rupp ist Studienleiter am Religionspädagogischen Institut (RPI) der Evangelischen Landeskirche in Baden.

Renate Schupp ist Lektorin beim Kaufmann Verlag in Lahr.

Professor Dr. Rolf Schweizer ist Kirchenmusikdirektor und Geschäftsführender Landeskantor der Evangelischen Landeskirche in Baden, Pforzheim.

Dr. Friedhelm Voges ist Superintendent des evangelisch-lutherischen Kirchenkreises in Einbeck.

Elizabeth Voges ist Lehrkraft bei der Erwachsenenbildung und an der Volkshochschule.

Herrenalber Protokolle

Hg. von der Evangelischen Akademie Baden, Postfach 22 69, 76010 Karlsruhe